Schlemmerei für Zwei

Ein tolles Menü macht aus einem »ganz normalen« Abend zu zweit ein richtiges kleines Fest – egal, ob Sie Ihre beste Freundin, den netten Nachbarn oder Ihr Herzblatt zu Tisch bitten.
Ganz gleich, ob Ihr Gast fürs kulinarische Italien schwärmt oder Sie mal gemeinsam so richtig stilvoll speisen wollen: Hier finden Sie Vorschläge für viele Gelegenheiten, für jede Jahreszeit und für jeden Geschmack.
Alle Menüs lassen sich gut vorbereiten, und ein genauer Zeitplan sorgt dafür, daß Sie nicht in Streß geraten. So können Sie sich ganz Ihrem Gegenüber widmen und den Abend in vollen Zügen genießen.

Die Farbfotos gestaltete Odette Teubner.

INHALT

Die Temperaturstufen bei Gasherden
variieren von Hersteller zu Hersteller. Welche Stufe Ihres Herdes der jeweils angegebenen Temperatur entspricht, entnehmen Sie bitte der Gebrauchsanweisung.

Die Wahl des Menüs

Für welches der angebotenen Menüs Sie sich entscheiden, hängt sowohl von Ihrem Gast als auch von Ihrer Übung im Kochen ab. Falls Sie zum ersten Mal mehrere Gänge zubereiten, sollten Sie sich möglichst ein Essen aussuchen, das Sie nahezu komplett vorbereiten können, zum Beispiel das herbstliche, das einfache oder das italienische Menü (Rezepte Seite 16, 28 und 46). So geraten Sie nicht in Streß. Wählen Sie solch ein Menü auch, wenn Sie Ihren Gast noch nicht sehr gut kennen. Denn wenn er immer wieder für mehr als 15 Minuten allein am Tisch sitzen muß, während Sie in der Küche werkeln, fühlt er sich wahrscheinlich nicht besonders wohl.
Bei guten Freunden oder dem Partner ist die Sache oft unkomplizierter. Nahe Bekannte kommen meist gern mit in die Küche und leisten Ihnen beim Kochen Gesellschaft.
Kennen Sie die Vorlieben Ihres Gastes? Falls ja, fällt Ihnen die Wahl des Menüs wahrscheinlich nicht schwer. Zur Sicherheit fragen Sie aber bei der Einladung, ob es etwas gibt, was Ihr Gast überhaupt nicht mag oder grundsätzlich nicht ißt.

Nicht nur mit Blumen läßt sich ein Tisch herausputzen. Als Deko-Material können auch bunte Bänder oder schöne Früchte dienen.

Die Sache mit der Pünktlichkeit

Nicht für alle ist es heutzutage selbstverständlich, pünktlich zu kommen – auch nicht, wenn sie zum Essen eingeladen sind. Um verkochtes oder angebranntes Essen zu vermeiden, sollten Sie eine kleine Verspätung einkalkulieren und nicht schon alles fertig haben, wenn Ihr Gast eigentlich bereits an der Türe klingeln sollte.

Rund ums Tischdecken

Das schafft Atmosphäre:
Lieben Gästen macht man's gern behaglich. Denn sie fühlen sich auf Anhieb wohl, wenn die Umgebung stimmt. Nehmen Sie sich also für das Tischdecken und -dekorieren ein bißchen Zeit.
Wählen Sie Blumen, Tisch-

Ein schön gedeckter Tisch für zwei: Es gibt Vorspeise, Hauptgericht und Dessert, zum Trinken Wein und Wasser. Zwei Gläser stehen für den Aperitif bereit.

decke und Servietten zum Beispiel in der Lieblingsfarbe Ihres Gastes. (Sie muß allerdings auch zu Ihrem Geschirr passen). Als Tafelschmuck eignet sich eine schöne einzelne Blüte oder auch ein Blumenstrauß. Mit Kerzen, dekorativen Sets, hübsch arrangierten Trauben, von der Natur buntgefärbten Blättern, Seidenbändern oder -schleifen setzen Sie wirkungsvolle Akzente. Allerdings: Tafelschmuck muß gut zu überblicken sein. Sie wollen ja Ihren Gast ansehen und nicht ein üppiges Blumengebinde.

Das brauchen Sie unbedingt:
Weinglas und Wasserglas, Extra-Teller und – wenn möglich – Extra-Besteck für jeden Gang, damit Sie nicht zwischendurch auch noch spülen müssen. Und: Servietten nicht vergessen.

So decken Sie ein:
Die Gabeln liegen links, die Messer rechts vom Teller, und zwar immer so, daß das Besteck für den ersten Gang außen liegt. Der Teller, der als erster benutzt wird, steht auf dem, der später drankommt. Falls es eine Suppe gibt, liegt der Löffel rechts vom Teller. Dessertlöffel oder -gabel plazieren Sie oberhalb des Gedecks, Gläser rechts daneben.

Zum Aperitif

Als Begrüßungscocktail eignet sich ein trockener Sherry, ein Martini oder auch ein Kir (Sekt mit einem kleinen Schuß Cassis). Entweder Sie bieten Ihrem Gast den Aperitif gleich in der Küche an und bereiten währenddessen die Vorspeise zu. Oder Sie setzen sich erst einmal gemütlich hin und genießen das Getränk in aller Ruhe. Damit der Alkohol nicht zu schnell zu Kopf steigt, sollten Sie eine Kleinigkeit dazu anbieten. Hier ein paar Appetitmacher, die Ihren Gästen sicher gut schmecken werden:

- Grissini, beim Italiener gekauft;
- Cracker, mit Pesto oder Olivenpaste (ebenfalls fertig gekauft) dünn bestrichen;
- kleine Mozzarellakugeln, mit Cocktailtomaten und einem Basilikumblatt auf Spieße gesteckt;
- Melonenstücke oder halbierte Feigen, mit roh geräuchertem, hauchdünn geschnittenem Schinken umwickelt und auf Spieße gesteckt;
- Oliven und Pistazien oder Mandeln, getrennt in Schälchen angerichtet.

Das gibt's dazu

Bei den Hauptgerichten der Menüs finden Sie jeweils eine Angabe für die passende Beilage, sofern sie nicht im Rezept mit zubereitet wird. Falls Sie unsicher sind, wieviel Sie jeweils pro Person brauchen und wie Sie die Beilagen zubereiten, nachfolgend eine kleine Hilfe:

Reis
Rechnen Sie für 2 Personen etwa 150 g ungegarten Reis. Die Körner in einer Tasse abmessen und in einen Topf füllen. Mit der Tasse die doppelte Menge Wasser abmessen und zum Reis gießen. Salzen und zum Kochen bringen. Dann zugedeckt bei sehr schwacher Hitze in etwa 20 Minuten ausquellen lassen. Sie können den Reis gut auf der abgeschalteten Platte noch bis zu 15 Minuten warm halten.

Kartoffeln
Sie brauchen etwa 500 g Kartoffeln, egal ob Sie sie mit oder ohne Schale kochen. Für Pellkartoffeln das Gemüse gründlich waschen und in einen Topf geben. Etwa 2 cm hoch Wasser angießen und zum Kochen bringen. Die Kartoffeln zugedeckt bei mittlerer Hitze je nach Größe in 20–35 Minuten weich kochen.
Für Salzkartoffeln die Kartoffeln schälen, waschen und – je nach Größe – halbieren oder vierteln. Dann in einen Topf geben. Etwa 2 cm hoch Wasser angießen, die Kartoffeln salzen und zum Kochen bringen. Zugedeckt bei mittlerer Hitze in etwa 15 Minuten kochen.

Nudeln
Für etwa 150 g Nudeln reichlich Wasser mit 1 kräftigen Prise Salz zum Kochen bringen. Die Nudeln darin nach Packungsaufschrift (meist etwa 8 Minuten) »al dente« – bißfest – kochen. Dann abgießen und eventuell kurz kalt abschrecken. Mit einem Stück Butter wieder in den Topf geben und bis zum Servieren warm halten.

Brot
Wenn Sie Brot als Beilage servieren, kaufen Sie entweder ein kleines, beziehungsweise dünnes Baguette oder 2–3 Brötchen aus Weiß- oder Vollkornmehl.

Getränke
Bei einem Menü zu zweit ist es eher ungewöhnlich, zu jedem Gang einen anderen Wein zu servieren. Es sei denn, Sie haben Lust, die Reste jeweils allein zu trinken. Am besten suchen Sie einen Wein aus, der zu allen Gerichten paßt. Bei einem festlichen Menü können Sie als würdige Begleitung für die Vorspeise auch einmal 1 kleine Flasche Champagner kaufen, die Sie in gut sortierten Weinhandlungen und Feinkostgeschäften bekommen. Dort gibt es auch Wein in Halbliter-Flaschen, allerdings werden meist nicht gerade die besten Tropfen in Mini-Portionen angeboten.

Andere Menü-Möglichkeiten

Sie finden in diesem Buch ausführliche Menüvorschläge. Daneben gibt es noch viele weitere Möglichkeiten, die einzelnen Gerichte miteinander zu kombinieren. Hier einige Beispiele:

- Fischterrinchen auf Blattsalaten (Rezept Seite 40);
- Ravioli mit Ricottafüllung (Rezept Seite 38);
- Pfirsiche mit Mascarponecreme (Rezept Seite 14).

- Klare Brühe mit Minzpfannkuchen (Rezept Seite 42);
- Nudeln mit Kaninchenragout (Rezept Seite 48);
- Rhabarber-Erdbeer-Mousse (Rezept Seite 10).

- Gemischte Vorspeisen (Rezept Seite 46);
- Fisch und Gemüse aus der Folie (Rezept Seite 30);
- Crème caramel (Rezept Seite 52).

- Wintersalat mit gegrilltem Ziegenkäse (Rezept Seite 20);
- Lamm-Gemüse-Couscous (Rezept Seite 60);
- Mango-Kokos-Creme (Rezept Seite 56).

- Avocado mit Tomatenvinaigrette (Rezept Seite 24);
- Gegrillter Fisch mit Sommergemüse (Rezept Seite 14);
- Schokoladen-Nuß-Pudding (Rezept Seite 22).

- Löwenzahnsalat mit Speck (Rezept Seite 50);
- Kalbsgulasch mit Pfifferlingen (Rezept Seite 18);
- Apfelgratin mit Marzipan (Rezept Seite 38).

- Marinierte Pilze (ohne Knoblauchbrot, Rezept Seite 28);
- Bouillabaisse mit Rouille (Rezepte Seite 50, 52);
- Eis mit Amaretto-Kirschen (Rezept Seite 26).

Zu Kir Royal, Martini und Sherry schmecken kleine Knabbereien und frische Köstlichkeiten.

Wenn im Frühling die Knospen aufbrechen und die ersten Blumen blühen, sehnt man sich auch in der Küche nach frischem Grün und einem leichten, gesunden Essen. Nur zu, lassen Sie sich's schmecken!

Das Menü

- Kerbelsuppe mit Garnelen
- Spargel mit verschiedenen Saucen
- Rhabarber-Erdbeer-Mousse

- Getränketip: Zum Spargel paßt ein trockener Weißwein, zum Beispiel Riesling oder Veltliner, zum Dessert Vin Santo oder Portwein.

Zeitplan

Am Vortag oder morgens
Rhabarber-Erdbeer-Mousse zubereiten.
3 Stunden vorher
Spargel schälen, in ein feuchtes Tuch einschlagen und kühl stellen. Saucen vorbereiten. Garnelen für die Suppe marinieren. Suppe vorgaren (bis Schritt 3).
10 Minuten vorher
Suppe erhitzen, fertigstellen. Kartoffeln aufsetzen. Spargel-Kochwasser erhitzen.
Nach der Vorspeise
Spargel garen.
Vor dem Dessert
Mousse stürzen. Sahne halbsteif schlagen.

Kerbelsuppe mit Garnelen

Zutaten:
1/2 unbehandelte Zitrone
100 g gegarte, geschälte Garnelen
1 Handvoll frischer Kerbel
1 Schalotte
1/2 Eßl. Butter
400 ml Fisch- oder Gemüsefond (aus dem Glas)
1 Eßl. Crème fraîche
Salz
weißer Pfeffer, frisch gemahlen

Gelingt leicht

Pro Portion etwa:
550 kJ/120 kcal
10 g Eiweiß · 8 g Fett
2 g Kohlenhydrate

- Zubereitungszeit: etwa 20 Minuten

1. Die Zitronenhälfte waschen, abtrocknen. Ein Stück Schale abschneiden und in feine Streifen schneiden. Die Zitronenhälfte auspressen. Die Garnelen mit der Zitronenschale und 2 Teelöffeln Saft in einer kleinen Schüssel mischen und zugedeckt beiseite stellen.

2. Den Kerbel verlesen, waschen, von den dicken Stielen befreien und fein hacken. Die Schalotte schälen und ebenfalls fein hacken.

3. Die Butter in einem Topf zerlassen. Die Schalotte darin bei mittlerer Hitze unter Rühren glasig dünsten. Den Fond angießen und alles etwa 5 Minuten köcheln lassen.

4. Den Kerbel und die Crème fraîche in die Suppe rühren, eventuell nochmals erhitzen. Die Garnelen untermischen, die Suppe mit Salz und Pfeffer abschmecken und kurz zugedeckt ziehen lassen. Dann sofort in vorgewärmten Tellern servieren.

Tips!

- In vorgewärmten Tellern bleibt das Essen länger heiß. Sie brauchen aber für zwei Teller nicht extra den Backofen anzuheizen. Füllen Sie das Spülbecken mit heißem Wasser und stellen Sie die Teller hinein. Vor dem Essen Teller abtrocknen, fertig!
- Lassen Sie sich bei der Tischdekoration vom Frühling inspirieren. Hübsch sind Töpfchen mit kleinen Narzissen oder Krokussen, mit bunten Bändern umwickelt.

▶

Spargel mit verschiedenen Saucen

Zutaten:
1/2 Bund gemischte Kräuter
1 Schalotte
1 Eßl. kleine Kapern
1 Eßl. Weißweinessig · Salz
weißer Pfeffer, frisch gemahlen
2 Eßl. Sonnenblumenöl · 2 Eier
1 Teel. Senf
100 g Crème fraîche
1 kg weißer Spargel
1 Teel. Zucker
600 g neue Kartoffeln
50 g Butter
4 Scheiben geräucherter Schinken

Raffiniert

Pro Portion etwa:
4200 kJ/1000 kcal
28 g Eiweiß · 72 g Fett
59 g Kohlenhydrate

- Zubereitungszeit: etwa 50 Minuten

1. Für die Saucen die Kräuter waschen, trockenschwenken und sehr fein hacken. Die Schalotte schälen und ebenfalls fein hacken. Die Kräuter, die Schalotte, die Kapern und den Essig mit Salz und Pfeffer verrühren. Das Öl unterschlagen. Eventuell 2 Eßlöffel heißes Wasser untermischen.

2. Die Eier hart kochen, kalt abschrecken, schälen und halbieren. Die Eigelbe herauslösen, zerdrücken und mit dem Senf verrühren. Die Crème fraîche untermengen. Die Eiweiße kleinhacken und untermischen. Die Sauce mit Salz und Pfeffer abschmecken.

3. Den Spargel waschen und die Enden abschneiden. Die Stangen von oben nach unten sehr gründlich schälen.

4. Für den Spargel reichlich Wasser mit Salz und dem Zucker zum Kochen bringen. Die Kartoffeln bürsten und in einem Topf mit etwa 2 cm hoch Wasser zum Kochen bringen. Zugedeckt bei schwacher Hitze in etwa 20 Minuten weich kochen.

5. Den Spargel in dem kochenden Wasser 15–20 Minuten garen. Inzwischen die Butter bei schwacher Hitze zerlassen.

6. Den Spargel aus dem Wasser heben und auf eine Platte geben. Mit den Kartoffeln, den Saucen und dem Schinken servieren.

Rhabarber-Erdbeer-Mousse

Zutaten:
2 Stangen Rhabarber (etwa 150 g)
125 g Erdbeeren
50 g Zucker
1 Prise Nelkenpulver
50 ml trockener Weißwein
1/2 Teel. Agar-Agar · 75 g Sahne
1/2 Päckchen Vanillezucker
2 Teel. Schokoladenraspel

Gut vorzubereiten

Pro Portion etwa:
820 kJ/200 kcal
2 g Eiweiß · 14 g Fett
12 g Kohlenhydrate

- Zubereitungszeit: etwa 25 Minuten
- Kühlzeit: etwa 4 Stunden

1. Den Rhabarber waschen, schälen und in schmale Stücke schneiden. Die Erdbeeren waschen und klein würfeln. Die Früchte mit dem Zucker und dem Nelkenpulver in einem Topf mischen.

2. 2 Eßlöffel vom Wein abnehmen und das Agar-Agar damit anrühren. Den übrigen Wein und 50 ml Wasser zu den Früchten geben.

3. Die Früchte zum Kochen bringen und zugedeckt etwa 5 Minuten köcheln lassen. Das Agar-Agar untermischen und weitere 2 Minuten köcheln lassen.

4. Zwei Förmchen von je etwa 250 ml Inhalt kalt ausspülen. Die Fruchtmasse einfüllen, abkühlen lassen und mindestens 4 Stunden kühl stellen.

5. Die Sahne mit dem Vanillezucker halbsteif schlagen. Die Fruchtmasse mit einem Messer vom Rand der Förmchen lösen und auf Teller stürzen. Mit der Vanillesahne und den Schokoraspeln garnieren.

Bild oben:
Spargel mit verschiedenen Saucen
Bild unten:
Rhabarber-Erdbeer-Mousse

Sattes Grün, sonnengereiftes, aromatisches Gemüse, saftiges Obst – das alles zeichnet ein richtiges Sommeressen aus. Am besten schmeckt so ein Querbeet-Menü natürlich unter freiem Himmel.

Das Menü

- Paprika und Mozzarella mit Pesto
- Gegrillter Fisch mit Sommergemüse
- Pfirsiche mit Mascarponecreme

- Getränketip: Zu allen Gerichten paßt ein leichter, spritziger Weißwein, zum Beispiel ein Orvieto, zur Vorspeise eventuell auch ein Gläschen Prosecco.

Zeitplan

2 Stunden vorher
Paprika häuten, Pesto zubereiten. Sommergemüse vorbereiten und anbraten.
1 Stunde vorher
Fisch würzen. Pfirsiche in Schnitze schneiden, zugedeckt kühl stellen.
10 Minuten vorher
Mozzarella schneiden. Vorspeise anrichten.
Vor dem Hauptgericht
Fisch grillen. Gemüse erwärmen.
Vor dem Dessert
Mascarponecreme rühren, mit Pfirsichen anrichten.

Paprika und Mozzarella mit Pesto

Zutaten:
je 1 kleine rote und gelbe Paprikaschote
1/2 Eßl. Zitronensaft
Salz
1 Bund Rucola
1 Knoblauchzehe
30 g Pinienkerne
25 g Parmesan, frisch gerieben
etwa 2 Eßl. Olivenöl, kaltgepreßt
weißer Pfeffer, frisch gemahlen
100 g Büffelmilchmozzarella (etwa 1/2 Kugel)

Raffiniert

Pro Portion etwa:
1600 kJ/380 kcal
19 g Eiweiß · 29 g Fett
9 g Kohlenhydrate

- Zubereitungszeit: etwa 40 Minuten

1. Den Backofen auf 250° vorheizen. Die Paprikaschoten waschen, halbieren und vom Stielansatz und den Trennwänden im Inneren befreien. Die Schoten mit den Schnittflächen nach unten auf ein Backblech legen und im heißen Ofen (Mitte, Umluft 220°) etwa 20 Minuten erhitzen, bis die Haut große Blasen wirft.

2. Die Schoten herausnehmen, mit einem feuchten Tuch bedecken und kurz ruhen lassen. Dann häuten und in etwa 2 cm breite Streifen schneiden. Die Streifen mit dem Zitronensaft und etwas Salz mischen.

3. Für den Pesto den Rucola waschen, trockenschwenken und grob zerkleinern. Den Knoblauch schälen. Beides mit den Pinienkernen im Blitzhacker fein zerkleinern. Den Käse und so viel Öl untermischen, daß eine geschmeidige Paste entsteht. Mit Salz und Pfeffer abschmecken.

4. Zum Servieren den Mozzarella in dünne Scheiben schneiden und mit den Paprikastreifen auf Tellern anrichten. Mit dem Pesto garnieren. Dazu Weißbrot servieren.

Tips!

- Wer möchte, kann zusätzlich 1 Tomate waschen, abtrocknen und in sehr kleine Würfel schneiden. Zum Schluß über die Zutaten auf dem Teller streuen.
- Schneller fertig ist die Vorspeise, wenn Sie statt Paprika Tomaten nehmen. Und wer keinen Rucola bekommt, kann auch einfach Basilikum oder Petersilie nehmen.

PROSECCO

Gegrillter Fisch mit Sommergemüse

Zutaten:
1 große Fleischtomate
1 schlanke Aubergine
1 kleiner Zucchino
1 Bund Frühlingszwiebeln
1 Knoblauchzehe
3 Eßl. Olivenöl
50 ml trockener Weißwein
Salz
weißer Pfeffer, frisch gemahlen
1 Goldbrasse oder Steinbutt oder
Loup de mer (etwa 450 g)
1/2 unbehandelte Zitrone
einige Zweige frischer Thymian
1 Bund Basilikum

Etwas teurer • Festlich

Pro Portion etwa:
1700 kJ/400 kcal
42 g Eiweiß · 17 g Fett
12 g Kohlenhydrate

- Zubereitungszeit: etwa 50 Minuten

1. Die Tomate mit kochendem Wasser überbrühen, kurz ziehen lassen, kalt abschrecken und häuten. In kleine Würfel schneiden und vom Stielansatz befreien. Die Aubergine und den Zucchino waschen, putzen und in etwa 1 cm große Würfel schneiden. Die Frühlingszwiebeln putzen, gründlich waschen und in feine Ringe schneiden. Den Knoblauch schälen und hacken.

2. In einem weiten Topf 2 Eßlöffel Öl erhitzen. Die Auberginen- und Zucchiniwürfel darin anbraten. Die Frühlingszwiebeln und den Knoblauch hinzufügen und glasig dünsten. Die Tomate untermischen. Den Weißwein angießen, das Gemüse salzen und pfeffern und zugedeckt bei mittlerer Hitze etwa 5 Minuten schmoren. Dann abkühlen lassen.

3. Den Fisch waschen und trockentupfen. Dann die Haut auf beiden Seiten vorsichtig einschneiden, ohne das Fleisch zu verletzen. Die Zitronenschale abschneiden und fein hakken. Den Saft auspressen. Den Thymian waschen, trockenschwenken und die Blättchen von den Stielen streifen. Die Zitronenschale und den Saft mit dem Thymian und dem übrigen Öl mischen. Den Fisch mit Salz und Pfeffer würzen und mit dem Öl einreiben.

4. Den Grill vorheizen. Den Rost mit Alufolie belegen. Den Fisch daraufgeben und im heißen Ofen (Mitte) pro Seite 5–6 Minuten grillen.

5. Inzwischen das Basilikum waschen, trockenschwenken. Die Blättchen abzupfen. Das vorbereitete Gemüse heiß werden lassen. Das Basilikum untermischen und das Gemüse nochmals abschmecken. Zum Fisch servieren. Dazu schmeckt Weißbrot.

Pfirsiche mit Mascarponecreme

Zutaten:
2 vollreife, aber feste Pfirsiche
125 g Mascarpone
1–2 Eßl. Ahornsirup oder flüssiger
Honig
1 Prise Nelkenpulver
1–2 Teel. Zitronensaft

Schnell

Pro Portion etwa:
1400 kJ/330 kcal
1 g Eiweiß · 22 g Fett
11 g Kohlenhydrate

- Zubereitungszeit: etwa 15 Minuten

1. Die Pfirsiche häuten. Bei reifen Pfirsichen läßt sich die Haut einfach abziehen, noch nicht ganz reife mit heißem Wasser überbrühen und kurz darin ziehen lassen. Die Pfirsiche halbieren, entsteinen und in Schnitze schneiden. Dekorativ auf Tellern anrichten.

2. Den Mascarpone mit dem Ahornsirup, dem Nelkenpulver und dem Zitronensaft mit dem Schneebesen schaumig schlagen. Neben den Pfirsichschnitzen verteilen und servieren.

Bild oben:
Gegrillter Fisch mit Sommergemüse
Bild unten:
Pfirsiche mit Mascarponecreme

Die Blätter färben sich bunt, das Gemüse der Saison leuchtet in kräftigen Tönen, und auch auf dem Teller dominieren im Herbst satte Farben.

Das Menü

- Kürbiscremesuppe mit Chilicroûtons
- Kalbsgulasch mit Pfifferlingen
- Preiselbeer-Marzipan-Törtchen

- Getränketip: ein leichter Rotwein, zum Beispiel ein Beaujolais Primeur, oder auch ein Weißwein, zum Beispiel ein weißer Burgunder.

Zeitplan

6 Stunden vorher
Törtchen backen und abkühlen lassen, zugedeckt aufbewahren. Suppe kochen, mit Frühlingszwiebeln mischen und abkühlen lassen. Brot und Chili schneiden. Gulasch vorbereiten und garen, bis zum Servieren zugedeckt beiseite stellen.
Vor der Vorspeise
Brot braten. Suppe erhitzen.
Vor dem Hauptgericht
Nudeln kochen. Pilze braten. Gulasch mit Crème fraîche und Pilzen mischen und erwärmen.
Vor dem Dessert
Sahne schlagen.

Kürbiscremesuppe mit Chilicroûtons

Zutaten:
1 Stück Kürbis (geputzt gewogen etwa 200 g; ungeputzt 300 g)
1 Zwiebel
1 Knoblauchzehe
2 Eßl. Erdnußöl
400 ml Gemüsefond (aus dem Glas)
2–3 Frühlingszwiebeln · Salz
weißer Pfeffer, frisch gemahlen
1 Eßl. Crème fraîche
2 Teel. Zitronensaft
2 Scheiben Vollkorn-Toast
1/2 frische rote Chilischote

Raffiniert

Pro Portion etwa:
920 kJ/220 kcal
3 g Eiweiß · 12 g Fett
18 g Kohlenhydrate

- Zubereitungszeit: etwa 20 Minuten

1. Den Kürbis schälen, von den Kernen und dem faserigen Fleisch im Inneren befreien und in kleine Stücke schneiden. Die Zwiebel und den Knoblauch schälen und fein hacken.

2. In einem Topf 1 Eßlöffel Öl erhitzen. Die Zwiebel und den Knoblauch darin glasig dünsten. Den Kürbis dazugeben und kurz anbraten.

3. Den Gemüsefond angießen und aufkochen. Die Suppe zugedeckt bei mittlerer Hitze etwa 5 Minuten kochen, bis der Kürbis weich ist.

4. Inzwischen die Frühlingszwiebeln putzen, waschen und in Ringe schneiden.

5. Den Kürbis im Topf mit dem Pürierstab fein zerkleinern. Die Frühlingszwiebeln untermischen. Mit Salz und Pfeffer abschmecken. Die Crème fraîche und den Zitronensaft unterrühren. Die Suppe bis zum Servieren zugedeckt stehen lassen.

6. Das Brot würfeln. Die Chilischote waschen, von allen Kernen befreien und in feine Streifen schneiden.

7. Das übrige Öl mit dem Chili erhitzen. Die Brotwürfel darin bei mittlerer Hitze rundherum knusprig rösten.

8. Die Suppe erhitzen, in vorgewärmte Teller verteilen und mit den Croûtons bestreut servieren.

Tip!

Aus der Zutaten-Menge für die Preiselbeertörtchen bekommen Sie 4 Törtchen, obwohl zwei als Nachtisch auch reichen würden. Die Törtchen schmecken aber auch noch am nächsten Tag ganz ausgezeichnet, und eine kleinere Menge zuzubereiten würde sich kaum lohnen.

▶

Kalbsgulasch mit Pfifferlingen

Zutaten:
400 g Kalbsschulter oder -nacken
2 Eßl. Butterschmalz
75 ml trockener Weißwein
1 Eßl. Zitronensaft
200 g Pfifferlinge
1/2 Bund Petersilie
1 Schalotte
100 g Crème fraîche
Salz
weißer Pfeffer, frisch gemahlen

Gelingt leicht

Pro Portion etwa:
2500 kJ/600 kcal
44 g Eiweiß · 39 g Fett
3 g Kohlenhydrate

- Zubereitungszeit: etwa 1 Stunde

1. Das Kalbfleisch mit einem scharfen Messer in etwa 1 1/2 cm große Würfel schneiden. 1 Eßlöffel Butterschmalz in einem Topf erhitzen. Die Fleischwürfel darin rundherum kräftig anbraten.

2. Den Wein und den Zitronensaft angießen und den Bratsatz damit lösen. Das Gulasch salzen, pfeffern und zugedeckt bei schwacher Hitze etwa 45 Minuten schmoren.

3. Inzwischen die Pfifferlinge mit einem feuchten Tuch abreiben und halbieren. Die Petersilie waschen, trockenschwenken und fein hacken. Die Schalotte schälen und fein hacken.

4. Das übrige Butterschmalz in einer Pfanne erhitzen, die Schalotte darin glasig dünsten. Die Pilze hinzufügen und bei starker Hitze unter Rühren etwa 5 Minuten braten. Falls sich dabei Flüssigkeit bildet, die Pilze so lange weitergaren, bis die Flüssigkeit wieder verdampft ist. Die Petersilie untermischen, salzen, pfeffern und beiseite stellen.

5. Vor dem Servieren die Pilze mit der Crème fraîche zum Kalbfleisch geben und das Gulasch zugedeckt noch etwa 10 Minuten garen. Dazu passen Bandnudeln.

Preiselbeer-Marzipan-Törtchen

Zutaten:
100 g Mehl · 20 g Zucker
50 g Butter · 1 Prise Salz
100 g Preiselbeeren
50 g Marzipanrohmasse
1 Eßl. Crème fraîche
1 Eßl. Zucker · 1 Ei
Zum Vorbacken: Pergamentpapier und Hülsenfrüchte
100 g Sahne · 2 Teel. Vanillezucker

Gut vorzubereiten

Pro Portion etwa:
3800 kJ/900 kcal
15 g Eiweiß · 56 g Fett
84 g Kohlenhydrate

- Zubereitungszeit: etwa 30 Minuten
- Kühlzeit: 1 Stunde
- Backzeit: 40 Minuten

1. Das Mehl mit dem Zucker, der in Stücke geteilten Butter, etwa 2 Eßlöffeln kaltem Wasser und dem Salz zu einem glatten Teig verkneten. 4 Torteletttförmchen damit auskleiden, dabei einen Rand hochziehen. Den Teig in den Förmchen etwa 1 Stunde kühl stellen.

2. Die Preiselbeeren verlesen, waschen und abtropfen lassen. Die Marzipanrohmasse in winzige Würfel schneiden. Die Crème fraîche mit dem Zucker und dem Ei verquirlen. Das Marzipan untermischen.

3. Den Backofen auf 200° vorheizen. Die Teigtörtchen mit Pergamentpapier belegen und mit Hülsenfrüchten beschweren. Die Teigtörtchen im heißen Ofen (Mitte, Umluft 180°) etwa 20 Minuten vorbacken.

4. Das Papier und die Hülsenfrüchte entfernen. Die Preiselbeeren auf den Teig geben und mit der Creme bedecken. Die Törtchen weitere 20 Minuten backen, bis der Belag gebräunt ist. Etwas abkühlen lassen, aus den Förmchen lösen und vollkommen abkühlen lassen.

5. Die Sahne mit dem Vanillezucker halbsteif schlagen. Zu den Törtchen servieren.

Bild oben:
Kalbsgulasch mit Pfifferlingen
Bild unten:
Preiselbeer-Marzipan-Törtchen

Die Tage sind kurz im Winter, und zu Hause im Warmen kann man's sich so richtig gemütlich machen. Am besten bei Kerzenschein und einem guten Essen.

Das Menü

- Wintersalat mit gegrilltem Ziegenkäse
- Lamm mit Artischocken
- Schokoladen-Nuß-Pudding

- Getränketip: ein kräftiger Rotwein, zum Beispiel ein Rosso di Montalcino oder ein Barbera.

Zeitplan

2 Stunden vorher
Pudding garen. Vanillesauce zubereiten. Beides beiseite stellen.

1 Stunde vorher
Zutaten für den Schmortopf zerkleinern. Salate waschen und trockenschwenken.

30 Minuten vorher
Lamm, Artischocken und Kartoffeln anbraten, schmoren lassen.

10 Minuten vorher
Vinaigrette rühren. Salat anrichten.

Vor der Vorspeise
Ziegenkäse grillen.

Wintersalat mit gegrilltem Ziegenkäse

Zutaten:

1 Handvoll feiner Blattspinat (etwa 50 g)
6–8 Blätter Radicchio (etwa 50 g)
1/2 Eßl. Weißweinessig
Salz
weißer Pfeffer, frisch gemahlen
1 Eßl. Haselnußöl
2 kleine runde Ziegenfrischkäse (zum Beispiel Crottin)

Raffiniert

Pro Portion etwa:
1400 kJ/330 kcal
1 g Eiweiß · 4 g Fett
1 g Kohlenhydrate

- Zubereitungszeit: etwa 20 Minuten

1. Den Spinat verlesen, von den dickeren Stielen befreien und mehrmals in kaltem Wasser waschen. Die Radicchioblätter waschen und in feine Streifen schneiden. Beide Salate trockenschleudern und mischen.

2. Den Weißweinessig mit Salz und Pfeffer verrühren. Das Öl unterschlagen.

3. Den Backofengrill vorheizen. Die Ziegenkäse in eine feuerfeste Form legen und im heißen Ofen (oben) etwa 5 Minuten grillen, bis sie etwas gebräunt sind.

4. Inzwischen die Salate mit der Marinade mischen, abschmecken und auf großen Tellern anrichten. Die heißen Käse daneben anrichten und den Salat sofort servieren. Dazu schmeckt Baguette oder auch Walnußbrot.

Varianten:
Wer keinen Ziegenkäse mag, kann auch geräucherte Forellenfilets zu den Salaten servieren.
Und statt Spinat schmeckt Feldsalat, Portulak oder ein anderer aromatischer Blattsalat. Auf das Nußöl sollten Sie allerdings nicht verzichten, denn das gibt dem Salat eine ganz besondere Note.

Tip!

Falls Sie das Menü in der Adventszeit zubereiten, werden Sie mit der Tischdekoration keine Probleme haben. Nach Weihnachten schmücken Tannenzapfen, Buchszweige oder Mispeln und viele Kerzen das Wintermenü.

Lamm mit Artischocken

Sie brauchen dafür die kleinen, länglichen Artischocken.

Zutaten:
400 g Lammkeule ohne Knochen
4 kleine, italienische Artischocken (etwa 400 g)
6 kleine, festkochende Kartoffeln
4 Schalotten
1–2 Knoblauchzehen
2 Eßl. Olivenöl · 1 Lorbeerblatt
1/8 l trockener Weißwein · Salz
weißer Pfeffer, frisch gemahlen
1/2 unbehandelte Zitrone

Gelingt leicht

Pro Portion etwa:
3500 kJ/830 kcal
44 g Eiweiß · 45 g Fett
33 g Kohlenhydrate

- Zubereitungszeit: etwa 1 Stunde 20 Minuten

1. Das Lamm würfeln. Die Artischocken waschen. Die äußeren Blätter entfernen, die übrigen an der Spitze großzügig abschneiden. Die Artischocken halbieren. Die Kartoffeln schälen. Die Schalotten und den Knoblauch schälen und halbieren.

2. Das Lamm im Öl portionsweise anbraten und jeweils wieder herausnehmen. Die Artischocken und die Kartoffeln im verbliebenen Fett anbraten. Die Schalotten und den Knoblauch sowie das Lorbeerblatt dazugeben, alles salzen und pfeffern. Den Wein angießen. Das Fleisch untermischen. 1 Stück Zitronenschale abschneiden, fein hacken. Den Saft auspressen und mit der Schale zum Ragout geben.

3. Das Ragout zugedeckt bei schwacher Hitze etwa 1 Stunde garen.

Schokoladen-Nuß-Pudding

Zutaten:
2 Eier · 1 Eigelb
20 g Butter · 30 g Zucker
1–2 Teel. Zitronensaft
25 g Walnußkerne, fein gerieben
40 g Zartbitterschokolade, gerieben
1 Messerspitze Zimtpulver
1 Teel. Speisestärke
175 ml Milch
Mark von 1 Vanilleschote
Für die Förmchen: Butter und Semmelbrösel

Gut vorzubereiten

Pro Portion etwa:
2300 kJ/550 kcal
15 g Eiweiß · 39 g Fett
36 g Kohlenhydrate

- Zubereitungszeit: etwa 1 1/2 Stunden

1. Den Backofen auf 180° vorheizen. Zwei Förmchen von je etwa 175 ml Inhalt fetten und mit Semmelbröseln ausstreuen.

2. Für den Pudding 1 Ei trennen. Das Eiweiß steif schlagen. Das Eigelb mit dem einzelnen Eigelb, der Butter, der Hälfte des Zuckers und dem Zitronensaft schaumig schlagen. Die Nüsse, die Schokolade und den Zimt hinzufügen und alles locker, aber gründlich mischen. Den Eischnee unterheben.

3. Die Puddingmasse in die Förmchen füllen. Mit Alufolie verschließen und in eine feuerfeste Form stellen. So viel heißes Wasser angießen, daß die Förmchen gut zur Hälfte darin stehen.

4. Die Puddinge im heißen Ofen (Mitte, Umluft 160°) etwa 1 Stunde garen. Kurz in den Förmchen ruhen lassen, dann mit einem Messer vom Rand lösen und auf Teller stürzen. Zugedeckt beiseite stellen.

5. Für die Sauce das übrige Ei trennen. Das Eigelb mit dem restlichen Zucker schaumig schlagen. Die Speisestärke mit etwas kalter Milch anrühren.

6. Die übrige Milch mit dem Vanillemark erhitzen. Die Eiercreme und die Speisestärke unter ständigem Rühren zur Milch geben und alles bei mittlerer Hitze bis kurz vor den Siedepunkt erhitzen, bis die Sauce dickflüssig wird. Sie darf nicht kochen.

8. Die Sauce abkühlen lassen. Das Eiweiß steif schlagen und unterheben. Die Sauce kühlen. Die Puddinge damit servieren.

Bild oben:
Lamm mit Artischocken
Bild unten:
Schokoladen-Nuß-Pudding

Lust auf ein Essen zu zweit, aber wenig Zeit? Kein Problem mit diesem Menü, für das Sie kaum mehr als eine halbe Stunde in der Küche stehen müssen. Nehmen Sie sich aber beim Einkauf ein bißchen mehr Zeit. Die Avocado muß reif sein, also auf leichten Fingerdruck nachgeben. Das Fleisch sollten Sie bei einem guten Metzger holen.

Das Menü

- Avocado mit Tomatenvinaigrette
- Scaloppine mit Basilikum und Wein
- Eis mit Amaretto-Kirschen

- Getränketip: ein leichter trockener Weißwein, am besten der, den Sie auch für die Scaloppine verwendet haben.

Zeitplan

<u>30 Minuten vorher</u>
Tomatenvinaigrette zubereiten. Basilikum für die Scaloppine waschen. Kirschen mit Saucenzutaten mischen.
<u>Vor der Vorspeise</u>
Avocado aufschneiden, mit Vinaigrette anrichten.
<u>Vor dem Hauptgericht</u>
Fleisch braten.
<u>Vor dem Dessert</u>
Amaretto-Kirschen erwärmen.

Avocado mit Tomatenvinaigrette

Zutaten:
1 mittelgroße Tomate
1 Bund Schnittlauch
Salz
weißer Pfeffer, frisch gemahlen
1 Eßl. Aceto balsamico
2 Eßl. Olivenöl
1 vollreife, aber feste Avocado

Gelingt leicht

Pro Portion etwa:
1300 kJ/310 kcal
3 g Eiweiß · 33 g Fett
3 g Kohlenhydrate

- Zubereitungszeit: etwa 15 Minuten

1. Die Tomate waschen und in sehr kleine Würfel schneiden, dabei den Stielansatz herausschneiden. Den Schnittlauch waschen, trockentupfen und in Röllchen schneiden.

2. Die Tomate und den Schnittlauch mit Salz, Pfeffer, dem Essig und dem Öl gründlich mischen und abschmecken. Bis zum Servieren zugedeckt beiseite stellen.

3. Die Avocado halbieren, entkernen und schälen. Jede Hälfte der Länge nach in Spalten schneiden, fächerförmig auf Tellern anrichten und mit der Vinaigrette dekorativ überziehen. Mit Weißbrot servieren.

Variante:
Statt der Tomatenvinaigrette schmecken Garnelen sehr gut zu den Avocadoscheiben. Dafür etwa 75 g gegarte Garnelen ohne Schale mit 1/2 Bund gehacktem Dill und 1 Eßlöffel Crème fraîche mischen. Mit Zitronensaft, Salz und Pfeffer abschmecken und zu den Avocadoscheiben servieren.

Tip!

Noch feiner wird die Vinaigrette, wenn Sie die Tomate vor dem Würfeln häuten. Die Tomate mit kochendem Wasser überbrühen, kurz darin ziehen lassen und kalt abschrecken. Dann läßt sich die Haut mühelos abziehen.

▶

Scaloppine mit Basilikum und Wein

Zutaten:
4 dünne, kleine Kalbsschnitzel
(etwa 180 g)
Salz
weißer Pfeffer, frisch gemahlen
2 Eßl. Mehl
1 Bund Basilikum
2 Eßl. Butter
75 ml trockener Weißwein
1 Teel. Zitronensaft

Raffiniert

Pro Portion etwa:
2200 kJ/520 kcal
76 g Eiweiß · 19 g Fett
8 g Kohlenhydrate

- Zubereitungszeit: etwa 15 Minuten

1. Die Kalbsschnitzel mit dem Handballen vorsichtig flachdrücken und mit Salz und Pfeffer würzen. Die Schnitzel im Mehl wenden. Überschüssiges Mehl abklopfen. Das Basilikum waschen, die Blättchen von den Stielen zupfen und ganz lassen oder in Streifen schneiden.

2. Die Butter in einer Pfanne erhitzen. Die Schnitzel darin pro Seite etwa 1 Minute braten, dann zugedeckt warm halten. Das Basilikum, den Wein und den Zitronensaft in die Pfanne geben, den Bratfond damit loskochen. Die Sauce über die Schnitzel geben und nach Belieben mit Weißbrot servieren. Dazu passen auch Kartoffeln – gekocht und kurz in Olivenöl gebraten. Außerdem gut: blanchierter Spinat, mit Zitronensaft und Olivenöl angemacht und mit Knoblauch aromatisiert.

Variante:
Statt Kalbfleisch schmecken auch Lammscheiben aus der Keule oder dünne Putenschnitzel.

Eis mit Amaretto-Kirschen

Zutaten:
150 g Sauerkirschen (aus dem Glas)
1 Zimtstange
2 Gewürznelken
3 Eßl. Amaretto
4 Kugeln Vanilleeis (fertig gekauft)
Minzeblättchen zum Garnieren

Preiswert

Pro Portion etwa:
630 kJ/150 kcal
3 g Eiweiß · 6 g Fett
21 g Kohlenhydrate

- Zubereitungszeit: etwa 10 Minuten

1. Die Kirschen mit der Zimtstange, den Gewürznelken, dem Amaretto und 2 Eßlöffeln Kirschsaft aus dem Glas zum Kochen bringen und bei schwacher Hitze etwa 5 Minuten garen, dann abkühlen lassen.

2. Zum Servieren die Zimtstange und die Gewürznelken entfernen, die Kirschen nochmals erhitzen. Das Eis in Dessertschalen geben und mit den heißen Kirschen servieren. Eventuell mit den Minzeblättchen garnieren.

Tip!

Wer möchte, kann natürlich auch frische, süße Kirschen nehmen. Sie brauchen dann etwa 200 g, da sie ja noch entsteint werden müssen. Gut schmecken außerdem heiße, gemischte Beeren. Statt Amaretto sollten Sie dann Cassis (Likör aus schwarzen Johannisbeeren) nehmen.

Bild oben:
Scaloppine mit Basilikum und Wein
Bild unten:
Eis mit Amaretto-Kirschen

Wenig Erfahrung im Kochen, geschweige denn bei der Zubereitung eines kompletten Menüs? An dieses Menü dürfen Sie sich auch als Kochamateur wagen. Vor- und Nachspeise lassen sich nahezu komplett vorbereiten.

Das Menü

- Marinierte Pilze mit Knoblauchbrot
- Fisch und Gemüse aus der Folie
- Mokkamousse mit Orangensalat

- Getränketip: ein trockener Weißwein, zum Beispiel ein Riesling aus dem Elsaß oder ein Vernaccia aus der Toskana.

Zeitplan

1–2 Tage vorher
Pilze marinieren.
2 Stunden vorher
Mokkamousse zubereiten und kühl stellen. Fisch und Gemüse vorbereiten und in der Folie verpacken. Orangensalat zubereiten.
20 Minuten vorher
Backofen anheizen.
Vor der Vorspeise
Knoblauchbrot rösten.
Während der Vorspeise
Fisch in den heißen Ofen schieben.
Vor dem Dessert
Mousse mit Orangensalat anrichten.

Marinierte Pilze mit Knoblauchbrot

Zutaten:
150 g kleine Champignons
150 g Shiitake-Pilze
2 Frühlingszwiebeln
1/2 unbehandelte Zitrone
einige Blättchen frischer Salbei oder
1 Bund Petersilie
4 Eßl. Olivenöl
3 Eßl. trockener Weißwein
Salz
weißer Pfeffer, frisch gemahlen
1–2 Knoblauchzehen
1 Baguettebrötchen oder 1 Stück
Baguette (etwa 10 cm lang)

Gut vorzubereiten

Pro Portion etwa:
1200 kJ/290 kcal
7 g Eiweiß · 17 g Fett
18 g Kohlenhydrate

- Zubereitungszeit: etwa 20 Minuten
- Marinierzeit: mindestens 1 Tag

1. Die Pilze putzen, das heißt mit einem feuchten Tuch abreiben. Die Pilze dann von den Stielenden befreien und eventuell halbieren. Die Frühlingszwiebeln putzen, waschen und in etwa 1 cm lange Stücke schneiden. Die Zitronenhälfte heiß waschen, abtrocknen und die Schale dünn abschneiden. Dann in feine Streifen schneiden. Den Saft auspressen. Den Salbei oder die Petersilie waschen. Die Petersilie fein hacken, den Salbei ganz lassen.

2. In einem Topf 2 Eßlöffel Öl erhitzen. Die Pilze und die Frühlingszwiebeln hineingeben und unter Rühren bei starker Hitze etwa 5 Minuten braten. Den Zitronensaft und die -schale, den Wein und 100 ml Wasser angießen. Die Kräuter hinzufügen, die Pilze mit Salz und Pfeffer abschmecken und zugedeckt bei mittlerer Hitze etwa 10 Minuten schmoren.

3. Die Pilze in eine Schüssel füllen und zugedeckt mindestens 1 Tag marinieren.

4. Dann den Knoblauch schälen und fein hacken oder durch die Presse drücken. Mit dem übrigen Öl und Pfeffer mischen. Das Brötchen der Länge nach durchschneiden und mit dem Knoblauchöl beträufeln. Den Backofen auf 200° vorheizen. Die Brote hineinlegen (Mitte, Umluft 180°) und etwa 10 Minuten backen. Zu den marinierten Pilzen servieren.

▶

Fisch und Gemüse aus der Folie

Zutaten:
400 g beliebiges Fischfilet
Saft von 1/2 Zitrone · Salz
weißer Pfeffer, frisch gemahlen
1 Knoblauchzehe
1 Möhre · 1 dünne Stange Lauch
1 Fenchelknolle
1 Tomate
1/2 Eßl. Butter
100 g Crème fraîche
1 Eßl. gemischte, tiefgefrorene Kräuter
extrastarke Alufolie

Preiswert

Pro Portion etwa:
1900 kJ/450 kcal
41 g Eiweiß · 24 g Fett
13 g Kohlenhydrate

- Zubereitungszeit: etwa 1 Stunde

1. Die Fischfilets mit dem Zitronensaft beträufeln und mit Salz und Pfeffer würzen. Den Knoblauch schälen und in feine Scheiben schneiden. Die Möhre schälen und in streichholzdünne Streifen schneiden. Den Lauch putzen, waschen und in feine Ringe schneiden. Den Fenchel putzen, waschen und vierteln. Vom Strunk befreien und in feine Scheiben schneiden. Die Tomate waschen und würfeln.

2. Den Backofen auf 220° vorheizen. Ein großes Stück extrastarke Alufolie in eine feuerfeste Form legen. Das Gemüse auf die Folie geben und mit Salz und Pfeffer würzen. Die Fischfilets darauf verteilen, mit der Butter in kleinen Stücken belegen. Die Alufolie rundherum sehr gut verschließen.

3. Den Fisch in den heißen Backofen (Mitte, Umluft 200°) schieben und etwa 30 Minuten garen. Dann mit dem Gemüse auf eine Platte heben und im abgeschalteten Backofen warm halten.

4. Die Garflüssigkeit mit der Crème fraîche in einen Topf geben und bei starker Hitze unter Rühren einkochen lassen. Die Kräuter untermischen, die Sauce mit Salz und Pfeffer abschmecken und zum Fisch servieren. Dazu schmecken Kartoffeln oder Baguette.

Mokkamousse mit Orangensalat

Zutaten:
50 g Mokkaschokolade
100 g + 2 Eßl. Sahne
1 Teel. Vanillezucker
2 Orangen · 30 g Zucker

Schnell

Pro Portion etwa:
2000 kJ/480 kcal
5 g Eiweiß · 27 g Fett
52 g Kohlenhydrate

- Zubereitungszeit: etwa 25 Minuten
- Kühlzeit: etwa 1 Stunde

1. Die Schokolade in kleine Stücke brechen und in eine Tasse geben. In einen Topf mit heißem Wasser stellen und bei schwacher Hitze unter Rühren schmelzen lassen. Dann etwas abkühlen lassen.

2. 100 g Sahne mit dem Vanillezucker sehr steif schlagen. Einen Teil der Sahne unter die Schokolade rühren, den Rest vorsichtig unterheben. Die Mousse in eine Schüssel füllen und mindestens 1 Stunde in den Kühlschrank stellen.

3. Die Orangen mit einem Messer so gründlich schälen, daß auch die weiße Haut entfernt wird. Die Orangen quer in dünne Scheiben schneiden, diese halbieren. Den Saft auffangen.

4. Den Zucker in einem Topf schmelzen lassen. Dabei ständig rühren. Wenn der Zucker goldbraun ist, erst den aufgefangenen Orangensaft, dann 2 Eßlöffel Sahne nach und nach zufließen lassen.

5. Zum Servieren von der Mousse Nocken abstechen und auf Tellern anrichten. Die Orangenscheiben daneben anrichten und mit der Sauce beträufeln.

Bild oben:
Fisch und Gemüse aus der Folie
Bild unten:
Mokkamousse mit Orangensalat

Im Sommer, wenn das Gemüseangebot bunt und abwechslungsreich ist, verzichten selbst erklärte Fleischesser gerne mal auf Schnitzel, Wurst und Braten. Vegetarier kommen dann ganz besonders auf ihre Kosten.

Das Menü

- Artischocken mit Eiervinaigrette
- Quarkpflänzchen mit Fenchel
- Heidelbeeren mit Ahornsahne

- Getränkeempfehlung: ein leichter Weißwein, zum Beispiel ein Veltliner oder ein Galestro.

Zeitplan

<u>2 Stunden vorher</u>
Vinaigrette zubereiten. Quarkteig rühren, zugedeckt kühl stellen. Fenchel blanchieren, in die Form geben. Tomatensauce zubereiten.
<u>30 Minuten vorher</u>
Artischocken putzen und kochen.
<u>Vor dem Hauptgericht</u>
Fenchel gratinieren. Quarkpflänzchen braten.
<u>Vor dem Dessert</u>
Ahornsahne schlagen, mit Heidelbeeren anrichten.

Artischocken mit Eiervinaigrette

Zutaten:
1 Ei · 1 Teel. scharfer Senf
2 Eßl. Weißweinessig
Salz · weißer Pfeffer, frisch gemahlen
1 Prise Zucker
4 Eßl. Distel- oder Olivenöl
1/2 Bund gemischte Kräuter
2 kleinere, fleischige Artischocken
1 Eßl. Zitronensaft

Raffiniert

Pro Portion etwa:
1200 kJ/290 kcal
8 g Eiweiß · 19 g Fett
8 g Kohlenhydrate

- Zubereitungszeit: etwa 40 Minuten

1. Für die Vinaigrette das Ei in etwa 8 Minuten hart kochen. Dann kalt abschrecken und schälen. Das Eiweiß abtrennen und fein hacken. Das Eigelb mit einer Gabel zerdrücken und mit dem Senf verrühren. Den Essig, Salz, Pfeffer und den Zucker untermischen. Das Öl unterschlagen. Die Sauce eventuell mit 2–3 Eßlöffeln heißem Wasser verdünnen. Die Kräuter waschen, trockenschwenken und ohne die groben Stiele fein hacken. Mit dem Eiweiß unter die Vinaigrette mischen. Die Vinaigrette in zwei Schälchen verteilen.

2. Die Artischocken waschen. Die Stiele abschneiden. Die Blattspitzen mit einer Schere kürzen.

3. In einem Topf reichlich Wasser mit dem Zitronensaft und 1 kräftigen Prise Salz zum Kochen bringen. Die Artischocken darin etwa 30 Minuten kochen lassen. Sie sind gar, wenn sich ein Blatt leicht herausziehen läßt.

4. Die Artischocken etwas abtropfen lassen, dann mit der Vinaigrette servieren.

Variante:
Statt Eiervinaigrette schmeckt auch gut eine Knoblauchmayonnaise zu den Artischocken. Dafür 1 Eigelb mit 1/2 Teelöffel scharfem Senf, Salz und Pfeffer cremig rühren. Etwa 50 g Olivenöl in dünnem Strahl unter ständigem Rühren unterschlagen, bis eine dickflüssige Mayonnaise entsteht. Mit 1–2 durchgepreßten Knoblauchzehen, etwas Zitronensaft und 1 Prise Cayennepfeffer abschmecken.

Tip!

Artischocken essen Sie so: Die Blätter einzeln auszupfen und mit dem fleischigen Ende in die Vinaigrette tunken. Dann das Blatt durch die Zähne ziehen und das Artischockenfleisch dabei herauszutzeln. Zum Schluß kommen Sie zum »Heu«, das Sie mit einem Messer abschneiden. Zurück bleibt eine echte Delikatesse, der Artischockenboden.

▶

Quarkpflänzchen mit Fenchel

Zutaten:
1 große Fleischtomate
1 Knoblauchzehe
1 Bund Basilikum · Salz
weißer Pfeffer, frisch gemahlen
1 Teel. Olivenöl
200 g Schichtkäse
1 Ei
75 g Grieß
1 Fenchel (etwa 350 g)
1 1/2 Eßl. Semmelbrösel
1 1/2 Eßl. Parmesan, frisch gerieben
1 Eßl. Butter
1–2 Eßl. Butterschmalz

Gelingt leicht

Pro Portion etwa:
2600 kJ/620 kcal
29 g Eiweiß · 35 g Fett
44 g Kohlenhydrate

- Zubereitungszeit: etwa 1 1/4 Stunden

1. Für die Sauce die Tomate waschen und in sehr kleine Würfel schneiden, dabei den Stielansatz herausschneiden. Den Knoblauch schälen und durch die Presse zu den Tomatenwürfeln drücken. Das Basilikum waschen, trockenschwenken, fein hacken und untermischen. Die Sauce mit Salz und Pfeffer abschmecken. Das Öl untermischen.

2. Den Schichtkäse mit dem Ei, Salz und dem Grieß mischen und zugedeckt mindestens 30 Minuten ruhen lassen.

3. Den Backofen auf 200° vorheizen. Den Fenchel waschen, putzen und vierteln. Den Strunk herausschneiden. Die Fenchelviertel in reichlich kochendem Salzwasser etwa 6 Minuten blanchieren. Dann mit einem Schaumlöffel herausheben, abtropfen lassen und in eine feuerfeste Form legen. Mit den Semmelbröseln und dem Parmesan bestreuen. Die Butter in Flöckchen darauf verteilen.

4. Den Fenchel im heißen Ofen (Mitte, Umluft 180°) etwa 20 Minuten backen, bis er gebräunt ist. Dann im abgeschalteten Ofen warm halten.

5. Für die Pflänzchen das Butterschmalz in einer Pfanne erhitzen. Aus der Quarkmasse kleine Häufchen ins heiße Fett setzen, etwas flachdrücken. Pro Seite bei mittlerer Hitze etwa 5 Minuten braten, bis sie schön gebräunt sind. Mit der Sauce und dem Fenchel servieren.

Variante:
Statt Fenchel und Tomatensauce schmeckt auch ein bunt gemischtes Sommergemüse zu den Pflänzchen. Dafür 1 Zucchino und 1 kleine gelbe Paprikaschote putzen und in kleine Stücke schneiden. 3 Tomaten häuten und würfeln, dabei die Stielansätze entfernen. 1 gehackte Zwiebel und einige Salbeiblätter (nach Wunsch auch etwas kleingeschnittene Pfefferschote) in 1/2 Eßlöffel Olivenöl andünsten. Das Gemüse dazugeben und kurz andünsten. Salzen, pfeffern und zugedeckt auf der abgeschalteten Platte ziehen lassen. Vor dem Servieren einfach erwärmen.

Heidelbeeren mit Ahornsahne

Zutaten:
250 g Heidelbeeren
2–3 Eßl. Ahornsirup
100 g Sahne
Minzeblättchen zum Garnieren

Schnell

Pro Portion etwa:
1100 kJ/260 kcal
2 g Eiweiß · 17 g Fett
11 g Kohlenhydrate

- Zubereitungszeit: etwa 10 Minuten

1. Die Heidelbeeren waschen und gut abtropfen lassen. Dann in zwei Schälchen füllen und mit je 1/2 Eßlöffel Ahornsirup mischen.

2. Die Sahne halbsteif schlagen und auf den Heidelbeeren verteilen. Den übrigen Sirup in Linien darauf verteilen. Eventuell mit den Minzeblättchen garnieren, sofort servieren.

Bild oben:
Quarkpflänzchen mit Fenchel
Bild unten:
Heidelbeeren mit Ahornsahne

Ein vegetarisches Menü, ganz auf das Marktangebot in den Wintermonaten zugeschnitten. Daß auch dann ein Essen ohne Fleisch keinesfalls etwas vermissen läßt, beweist die folgende Zusammenstellung.

Das Menü

- Feldsalat mit Orangenvinaigrette
- Ravioli mit Ricottafüllung
- Apfelgratin mit Marzipan

- Getränketip: ein trockener Rotwein, zum Beispiel ein Chianti, oder ein Rosé, ebenfalls trocken.

Zeitplan

5 Stunden vorher
Ravioliteig kneten, ruhen lassen. Füllung vorbereiten.
4 Stunden vorher
Ravioli füllen, ausschneiden und auf einem Küchentuch ausbreiten.
30 Minuten vorher
Orangenvinaigrette zubereiten. Feldsalat waschen und trockenschwenken. Marzipansahne für das Dessert mixen.
Vor der Vorspeise
Avocado schneiden, mit Feldsalat und Vinaigrette anrichten.
Vor dem Hauptgericht
Salbeibutter zubereiten. Ravioli kochen.
Vor dem Dessert
Apfel schälen, schneiden und einschichten. Mit Marzipansahne gratinieren.

Feldsalat mit Orangenvinaigrette

Zutaten:
100 g Feldsalat
1/2 Avocado
1 Orange
1/2 Teel. Senf
1 Eßl. milder Weißweinessig
1 Eßl. Joghurt oder saure Sahne
Salz
weißer Pfeffer, frisch gemahlen
2 Eßl. Distelöl

Gelingt leicht

Pro Portion etwa:
840 kJ/200 kcal
3 g Eiweiß · 16 g Fett
10 g Kohlenhydrate

- Zubereitungszeit: etwa 20 Minuten

1. Den Feldsalat von allen welken Blättern befreien und in stehendem kaltem Wasser mehrmals gründlich waschen. Dann sehr gut abtropfen lassen und von den Stielenden befreien. Die Avocadohälfte schälen und in Würfel schneiden. Mit dem Feldsalat auf Tellern anrichten.

2. Für die Vinaigrette die Orange schälen, dabei auch die weiße Haut möglichst gründlich entfernen. Die Orange kleinschneiden und den Saft dabei auffangen. Orange und Saft mit dem Senf, dem Essig, dem Joghurt oder der sauren Sahne, Salz und Pfeffer würzen. Das Öl unterschlagen.

3. Die Vinaigrette über dem Salat verteilen, mit Brot servieren.

Tips!

- Für die Ravioli brauchen Sie eine Nudelmaschine, damit der Teig wirklich schön dünn wird. Bei der Zubereitung der Platten den Teig zuerst einige Male durch die weiteste Walzenöffnung drehen, dann nach und nach dünner ausrollen. Sie können übrigens gut gleich die doppelte Menge Ravioli zubereiten und die Hälfte für ein anderes Essen einfrieren.
- Ricotta gibt es in gut sortierten Käseläden zu kaufen. Wenn Sie dennoch einmal keinen bekommen, helfen Sie sich so: zur Hälfte Frischkäse (nach Wunsch aus Ziegenmilch) und schnittfesten Schafkäse nehmen und mit dem Pürierstab cremig mixen.

Ravioli mit Ricottafüllung

Zutaten:
80 g Mehl · 80 g Hartweizengrieß
2 kleine Eier · Salz · 1 Teel. Olivenöl
50 g Blattspinat
1 Knoblauchzehe
200 g weicher Ricotta
Muskatnuß, frisch gerieben
weißer Pfeffer, frisch gemahlen
2 Zweige frischer Salbei
3 Eßl. Butter
Außerdem: Parmesan, frisch gerieben

Braucht etwas Zeit

Pro Portion etwa:
300 kJ/550 kcal
20 g Eiweiß · 28 g Fett
58 g Kohlenhydrate

- Zubereitungszeit: etwa 2 Stunden

1. Für den Teig das Mehl mit dem Grieß mischen. Mit den Eiern, 1 kräftigen Prise Salz und dem Öl zu einem glatten, geschmeidigen Teig verkneten. Zu einer Kugel formen, in ein feuchtes Tuch wickeln und etwa 30 Minuten ruhen lassen.

2. Den Spinat verlesen und in stehendem kaltem Wasser gründlich waschen. Dann in kochendem Salzwasser etwa 1 Minute blanchieren. Den Spinat kalt abschrecken, abtropfen lassen und die Flüssigkeit mit den Händen so gut wie möglich ausdrücken. Den Spinat dann fein hacken. Die Knoblauchzehe schälen und durch die Presse drücken.

3. Den Ricotta mit dem Spinat und dem Knoblauch mischen und mit Salz, Muskat und Pfeffer pikant abschmecken.

4. Den Nudelteig noch einmal kräftig durchkneten, dann in 2–3 Portionen teilen und mit der Nudelmaschine zu dünnen Platten ausrollen. Die Teigstücke, die noch nicht in Arbeit sind, immer im feuchten Tuch ruhen lassen, sonst trocknen sie aus.

5. Eine Teighälfte in Abständen von etwa 4 cm mit je 1 Teelöffel Füllung belegen. Mit der zweiten Teighälfte abdecken. Den Teig um die Füllung herum leicht andrücken und mit einem Teigrädchen oder Messer Nudeltaschen ausschneiden. Die Ränder mit einer Gabelspitze etwas zusammendrücken. Ganz zum Schluß die Teigreste in beliebige Stücke schneiden.

6. Für die Sauce den Salbei waschen und trockentupfen. In einem großen Topf reichlich Salzwasser zum Kochen bringen.

7. Die Ravioli im kochenden Wasser etwa 3 Minuten garen. Inzwischen die Butter schmelzen und leicht braun werden lassen. Die Salbeiblätter darin schwenken.

8. Die Ravioli abtropfen lassen, in vorgewärmte Teller geben und mit der Salbeibutter bedecken. Mit frisch geriebenem Parmesan servieren.

Apfelgratin mit Marzipan

Zutaten:
2 säuerliche Äpfel
Saft von 1/2 Zitrone
50 g Marzipan-Rohmasse
120 g Sahne
1/2 Teel. Zimtpulver
1 Päckchen Vanillezucker
Zum Bestäuben: Puderzucker

Preiswert

Pro Portion etwa:
2100 kJ/500 kcal
6 g Eiweiß · 33 g Fett
47 g Kohlenhydrate

- Zubereitungszeit: etwa 30 Minuten
- Backzeit: 20 Minuten

1. Den Backofen auf 200° vorheizen. Die Äpfel schälen, putzen und in Schnitze teilen, mit dem Zitronensaft beträufeln und in feuerfeste Portionsförmchen geben.

2. Die Marzipan-Rohmasse würfeln und mit der Sahne, dem Zimt und dem Vanillezucker mit dem Pürierstab fein zerkleinern. Über die Äpfel geben.

3. Die Äpfel im heißen Ofen (Mitte, Umluft 180°) etwa 20 Minuten backen, bis sie schön gebräunt sind. Eventuell mit Puderzucker bestäuben.

Bild oben:
Ravioli mit Ricottafüllung
Bild unten:
Apfelgratin mit Marzipan

Ein tolles Galadiner, für das sich etwas Mehrarbeit lohnt.

Das Menü

- Fischterrinchen auf Blattsalaten
- Klare Brühe mit Minzpfannkuchen
- Entenbrust in Granatapfelsauce
- Exoten mit Zabaione

- Getränketip: zur Vorspeise eine kleine Flasche Champagner, zur Entenbrust ein trockener Rotwein.

Zeitplan

Am Vorabend
Fischterrinchen zubereiten. Minzpfannkuchen braten. Gemüsebrühe kochen.

2 Stunden vorher
Salate waschen, anrichten. Vinaigrette rühren. Tomate würfeln. Pfannkuchen in Streifen schneiden. Sauce vorbereiten. Entenbrust würzen. Gratin einschichten. Exoten waschen oder schälen.

Vor der Vorspeise
Terrinchen anrichten. Gratin in den Ofen schieben.

Vor der Suppe
Brühe erhitzen, Tomatenwürfel und Pfannkuchen darin heiß werden lassen.

Vor dem Hauptgericht
Entenbrust braten, in Alufolie wickeln und in den Ofen schieben. Sauce fertigstellen.

Vor dem Dessert
Früchte schneiden. Zabaione schlagen und über die Exoten geben.

Fischterrinchen auf Blattsalaten

Zutaten:
150 g Seezungen- oder Forellenfilets
2 Eßl. Fisch- oder Gemüsefond (aus dem Glas) · 75 g Sahne
1 Eiweiß · Salz
weißer Pfeffer, frisch gemahlen
Muskatnuß, frisch gerieben
1 Messerspitze Senf
etwas abgeriebene unbehandelte Zitronenschale
1 Teel. Zitronensaft
60–80 g gemischte Blattsalate
1/2 Bund Dill · 1 Tomate
1/2 Eßl. Weißweinessig
1 Eßl. Sonnenblumenöl
Für die Förmchen und das Pergamentpapier: Butter

Festlich

Pro Portion etwa:
1000 kJ/240 kcal
17 g Eiweiß · 17 g Fett
4 g Kohlenhydrate

- Zubereitungszeit: etwa 35 Minuten

1. Den Backofen auf 130° vorheizen. Die Fischfilets in kleine Stücke schneiden und kühl stellen. Der Fond, die Sahne und das Eiweiß müssen ebenfalls kühl sein.

2. Die Fischstücke mit dem Fond und dem Eiweiß im Mixer pürieren. Die Sahne langsam untermixen.

3. Die Masse mit Salz, Pfeffer, Muskat, dem Senf, der Zitronenschale und dem Saft abschmecken. Zwei feuerfeste Förmchen von je etwa 175 ml Inhalt mit Butter ausstreichen. Die Fischmasse einfüllen, die Förmchen sollen nur zu etwa zwei Drittel gefüllt sein.

4. Die Terrinenförmchen mit gebuttertem Pergamentpapier verschließen und in eine feuerfeste Form stellen. So viel Wasser angießen, daß die Förmchen zu zwei Drittel darin stehen.

5. Die Terrinchen im heißen Ofen (unten, Umluft 110°) etwa 20 Minuten garen. Bis zum Servieren kühl stellen.

6. Die Blattsalate waschen, trockenschwenken und auf zwei großen Tellern verteilen. Den Dill waschen, trockenschwenken und fein hacken. Die Tomate waschen und klein würfeln. Beides über die Salate streuen. Den Essig mit Salz und Pfeffer würzen. Das Öl unterschlagen. Die Vinaigrette über die Salate gießen.

7. Den Saft aus den Förmchen abgießen. Die Fischterrinchen vorsichtig neben die Salate auf die Teller stürzen. Mit Weißbrot servieren.

▶

Klare Brühe mit Minzpfannkuchen

Zwei Pfannkuchen sind für diese Suppe eigentlich zu viel, außer Sie und Ihr Gast sind sehr hungrig. Aus weniger Teig lassen sich aber kaum Pfannkuchen zubereiten. Am besten heben Sie einen Pfannkuchen auf und essen ihn am nächsten Tag.

Zutaten:
Für die Brühe:
1 Bund Frühlingszwiebeln
1 Fenchelknolle
1 Möhre
1 Tomate
1 Bund Basilikum
2 Lorbeerblätter
1 Teel. weiße Pfefferkörner
2 Gewürznelken
Außerdem:
2–3 Stengel frische Minze
40 g Mehl
1 kleines Ei
Salz
etwa 75 ml Milch
1/2 Eßl. Butterschmalz
1 kleine Tomate

Raffiniert

Pro Portion etwa:
990 kJ/240 kcal
10 g Eiweiß · 9 g Fett
24 g Kohlenhydrate

- Zubereitungszeit: etwa 1 Stunde

1. Für die Brühe alle Gemüse waschen und/oder putzen und in möglichst kleine Stücke schneiden. Das Basilikum waschen und mit dem Gemüse, den Lorbeerblättern, den Pfefferkörnern und den Gewürznelken in einen Topf geben. 1/2 l Wasser angießen und zum Kochen bringen.

2. Die Brühe zugedeckt bei mittlerer Hitze etwa 30 Minuten köcheln lassen. Dann durch ein Sieb gießen, dabei das Gemüse mit einem Kochlöffel etwas ausdrücken. Die Brühe salzen und abkühlen lassen. Für die Suppe etwa 400 ml abmessen.

3. Für die Pfannkuchen die Minzeblättchen waschen, trockentupfen und fein hacken. Das Mehl in eine Schüssel geben. Das Ei und 1 kräftige Prise Salz unterrühren. So viel Milch angießen, daß ein dünnflüssiger Teig entsteht. Die Minze untermischen und den Teig etwas stehenlassen.

4. Die Hälfte vom Butterschmalz in einer kleineren Pfanne erhitzen. Die Hälfte des Teiges darin durch Schwenken verteilen. Den Pfannkuchen bei mittlerer Hitze etwa 2 Minuten backen, dann wenden und nochmals etwa 1 Minute backen. Den zweiten Pfannkuchen ebenso backen. Die Pfannkuchen abkühlen lassen.

5. Vor dem Servieren die Tomate mit kochendem Wasser überbrühen, kurz darin ziehen lassen, kalt abschrecken und häuten. Die Tomate in kleine Würfel schneiden, dabei den Stielansatz herausschneiden. Die Pfannkuchen aufrollen und in feine Streifen schneiden.

7. Die Brühe nochmals erhitzen. Die Tomatenwürfel und die Pfannkuchenstreifen hineingeben und in der heißen Suppe erwärmen. In vorgewärmten Tellern servieren.

Tip!

Statt selbstgekochter Gemüsebrühe können Sie auch 1 Glas Gemüsefond (400 ml) nehmen.

▶

Entenbrust mit Granatapfelsauce

Zutaten:
Für das Kartoffelgratin:
500 g mehligkochende Kartoffeln
1 Knoblauchzehe · Salz
weißer Pfeffer, frisch gemahlen
100 g Sahne · 1/2 Eßl. Butter
Für die Entenbrust:
1 Flugentenbrustfilet (etwa 320 g)
Salz
weißer Pfeffer, frisch gemahlen
1 Schalotte
1 unbehandelte Orange
1 Granatapfel · 1 Eßl. Öl
50 ml Portwein

Gelingt leicht

Pro Portion etwa:
3600 kJ/860 kcal
36 g Eiweiß · 52 g Fett
55 g Kohlenhydrate

- Zubereitungszeit: etwa 1 Stunde

1. Den Backofen auf 180° vorheizen. Die Kartoffeln schälen, waschen und mit dem Gurkenhobel in dünne Scheiben hobeln. Die Knoblauchzehe halbieren und eine feuerfeste Form damit ausreiben.

2. Die Kartoffeln dachziegelartig in der Form verteilen. Mit Salz und Pfeffer würzen. Die Sahne am Rand angießen. Die Butter in Flöckchen darauf legen. Das Kartoffelgratin im Ofen (Mitte, Umluft 160°) in etwa 50 Minuten goldbraun backen.

3. Inzwischen die Entenbrust rundherum mit Salz und Pfeffer einreiben. Die Schalotte schälen und fein hacken. Die Orange waschen. Die Schale fein abreiben. Die Orange auspressen. Den Granatapfel halbieren. Eine Hälfte auspressen, aus der anderen Hälfte die Kerne mit einem Löffel herauslösen.

4. Das Öl in einer Pfanne erhitzen. Die Entenbrust mit der Hautseite nach unten hineingeben und bei mittlerer Hitze etwa 7 Minuten braten. Dann wenden und weitere 7 Minuten braten. Die Entenbrust in Alufolie wickeln und zum Gratin in den Ofen geben.

5. Das Fett bis auf einen dünnen Film aus der Pfanne gießen. Die Schalotte in die Pfanne geben und unter Rühren kurz andünsten. Den Orangen- und den Granatapfelsaft sowie den Portwein dazugeben und die Sauce unter Rühren in einigen Minuten dickflüssig einkochen lassen. Die Orangenschale und die Granatapfelkerne hineingeben und die Sauce mit Salz und Pfeffer abschmecken.

6. Die Entenbrust in dünne Scheiben schneiden und mit dem Gratin auf Tellern anrichten. Die Sauce über die Entenscheiben verteilen.

Exoten mit Zabaione

Zutaten:
1 Kiwi · 1 Baby-Ananas
1 Papaya · 2 Teel. Zitronensaft
2 Eigelb · 20 g Zucker
50 ml trockener Weißwein
1 Prise Zimtpulver

Etwas teurer

Pro Portion etwa:
980 kJ/230 kcal
5 g Eiweiß · 6 g Fett
35 g Kohlenhydrate

- Zubereitungszeit: etwa 30 Minuten

1. Die Kiwi schälen und in Scheiben schneiden. Die Ananas schälen, alle »Augen« entfernen. Die Ananas in Stücke schneiden. Die Papaya der Länge nach halbieren, die Kerne mit einem Löffel herauskratzen. Die Papaya in Schnitze schneiden. Die Früchte auf Tellern anrichten, mit dem Zitronensaft beträufeln.

2. Für die Zabaione die Eigelbe mit dem Zucker in eine Edelstahlschüssel geben und sehr schaumig schlagen.

3. Den Weißwein und den Zimt dazugeben, alles über einem heißen Wasserbad weiterschlagen, bis die Masse dickflüssig wird. Heiß über die Früchte gießen und servieren.

Bild oben:
Entenbrust in Granatapfelsauce
Bild unten: Exoten mit Zabaione

Die italienische Küche ist und bleibt eine der besten Küchen der Welt. Verwöhnen Sie also Ihren Gast und sich selbst mit ebenso bekannten wie köstlichen Spezialitäten aus Italien.

Das Menü

- Gemischte Vorspeisen
- Nudeln mit Kaninchenragout
- Panna cotta mit Trauben

- Getränketip: ein kräftiger Rotwein, zum Beispiel ein Rosso di Montalcino, ein Chianti classico oder ein Barbera.

Zeitplan

Am Vorabend
Paprika marinieren. Kaninchenragout zubereiten.
Panna cotta zubereiten und kalt stellen.
4 Stunden vorher
Nudeln zubereiten und zum Trocknen auslegen. Traubensalat zubereiten.
1 Stunde vorher
Bohnen mit Kapernmarinade anmachen.
Kurz vor dem Essen
Antipasti anrichten.
Nach der Vorspeise
Kaninchenragout erwärmen.
Nudeln kochen.

Gemischte Vorspeisen

Zutaten:
Für die Paprikaschote:
1 rote Paprikaschote
1/2 Knoblauchzehe
1/2 Eßl. Zitronensaft
1 Eßl. Olivenöl · Salz
weißer Pfeffer, frisch gemahlen
2–3 Stengel Petersilie
Für die Bohnen:
100 g gegarte weiße Bohnen (aus der Dose; Rest für ein anderes Gericht verwenden, eventuell einfrieren)
1 kleine Tomate
1/2 Teel. scharfer Senf
2 Teel. Weißweinessig
1 Teel. Kapern
1/2 Eßl. Olivenöl · Salz
weißer Pfeffer, frisch gemahlen
Außerdem:
einige Oliven
je 1 Scheibe Parmaschinken und einige Scheiben Salami

Pikant

Pro Portion etwa:
1800 kJ/430 kcal
29 g Eiweiß · 22 g Fett
9 g Kohlenhydrate

- Zubereitungszeit: etwa 50 Minuten
- Marinierzeit: 1 Tag

1. Für die Paprikaschote den Backofen auf 220° vorheizen. Die Schote waschen und längs halbieren. Vom Stielansatz und den Trennwänden mit den Kernen befreien und mit der Schnittfläche nach unten auf das Backblech legen.

2. Die Schote im heißen Ofen (Mitte, Umluft 200°) etwa 20 Minuten backen, bis die Haut gebräunt ist und Blasen wirft. Herausnehmen, kurz mit einem feuchten Tuch bedecken. Dann häuten und in dünne Streifen schneiden.

3. Den Knoblauch schälen und fein hacken. Die Paprikastreifen mit dem Knoblauch, dem Zitronensaft, dem Öl, Salz und Pfeffer mischen und über Nacht zugedeckt an einem kühlen Ort marinieren.

4. Am nächsten Tag die weißen Bohnen abtropfen lassen. Die Tomate waschen und in sehr kleine Würfel schneiden, dabei den Stielansatz herausschneiden. Den Senf mit dem Essig und den Kapern mischen, das Öl unterschlagen. Die Bohnen und die Tomate damit mischen und mit Salz und Pfeffer abschmecken.

5. Vor dem Servieren die Petersilie waschen, trockenschwenken und fein hacken. Unter die Paprikaschoten mischen.

6. Beide Vorspeisen jeweils auf einem großen Teller anrichten. Die Oliven, den Schinken und die Salami dazugeben. Mit Weißbrot servieren.

▶

Nudeln mit Kaninchen-ragout

Zutaten:
Für das Ragout:
1/2 Kaninchen (etwa 600 g)
1 Stange Staudensellerie
1 Möhre · 1 Fleischtomate
1 Zwiebel · 1 Knoblauchzehe
je 1 Zweig Rosmarin, Thymian und Salbei
1 Eßl. Olivenöl
1/8 l trockener Weißwein · Salz
weißer Pfeffer, frisch gemahlen
1 winzige Prise Zimtpulver
1 Teel. kleine Kapern
1/2 Eßl. Pinienkerne
Für die Nudeln:
100 g Hartweizengrieß
100 g Mehl · Salz · 2 Eier

Braucht etwas Zeit

Pro Portion etwa:
4200 kJ/1000 kcal
81 g Eiweiß · 35 g Fett
81 g Kohlenhydrate

- Zubereitungszeit: etwa 2 Stunden
- Ruhezeit: 30 Minuten

1. Das Kaninchen in vier Stücke schneiden. Den Sellerie und die Möhre waschen, putzen und würfeln. Die Tomate häuten und in Würfel schneiden. Die Zwiebel und den Knoblauch schälen und fein hacken. Die Kräuter waschen, von den Stielen zupfen.

2. Das Öl erhitzen. Die Kaninchenstücke darin rundherum kräftig anbraten. Den Sellerie, die Möhre, die Zwiebel und den Knoblauch kurz mitbraten. Die Kräuter, die Tomaten und den Wein hinzufügen. Das Ragout mit Salz, Pfeffer und dem Zimt würzen, zugedeckt bei schwacher Hitze etwa 1 Stunde garen.

3. Das Kaninchenfleisch von den Knochen lösen und in kleine Stücke teilen. Mit den Kapern wieder in die Sauce geben, abkühlen lassen.

4. Für die Nudeln den Grieß mit dem Mehl und 1/2 Teelöffel Salz in einer Schüssel mischen. Die Eier hinzufügen und alles zu einem glatten, geschmeidigen Teig verkneten. Den Teig bei Zimmertemperatur etwa 30 Minuten ruhen lassen.

5. Dann noch einmal durchkneten und mit der Nudelmaschine so dünn wie möglich ausrollen. Den Teig in 1–2 cm breite Streifen schneiden. Die Nudeln auf Küchentüchern ausbreiten und etwas antrocknen lassen.

6. Für die Nudeln reichlich Salzwasser zum Kochen bringen. Die Nudeln darin in etwa 3 Minuten »al dente« kochen.

7. Das Kaninchenragout erwärmen. Die Pinienkerne in einer Pfanne unter Rühren goldgelb rösten.

8. Die Nudeln abtropfen lassen und in vorgewärmte Teller geben. Das Ragout darauf verteilen und mit den Pinienkernen bestreuen.

Panna cotta mit Trauben

Zutaten:
Mark von 1 Vanilleschote
250 g Sahne · 50 g Zucker
2 Blatt weiße Gelatine
1/2 Teel. abgeriebene Zitronenschale
200 g kleine Trauben · 25 g Butter
50 ml Weißwein · 1 Eßl. Marsala

Gut vorzubereiten

Pro Portion etwa:
2900 kJ/690 kcal
6 g Eiweiß · 50 g Fett
47 g Kohlenhydrate

- Zubereitungszeit: etwa 30 Minuten
- Kühlzeit: etwa 6 Stunden

1. Das Vanillemark mit der Sahne und 20 g Zucker etwa 10 Minuten köcheln lassen.

2. Die Gelatine kalt einweichen, abtropfen lassen, unter Rühren in der Sahne auflösen. Mit der Zitronenschale mischen, in zwei Förmchen füllen, 6 Stunden kühlen.

3. Die Trauben waschen. Die Butter mit dem restlichen Zucker unter Rühren erhitzen, bis die Masse hellbraun ist. Mit dem Wein ablöschen. Die Trauben und den Marsala dazugeben. 1–2 Minuten köcheln lassen.

4. Die Panna cotta stürzen. Mit den Trauben garnieren.

Bild oben:
Nudeln mit Kaninchenragout
Bild unten: Panna cotta mit Trauben

Ein klassisches Menü aus dem Land der Feinschmecker. Damit glänzen Sie bei jedem Gourmet, ohne in Streß zu geraten. Die Zubereitung ist ganz einfach.

Das Menü

- Löwenzahnsalat mit Speck
- Bouillabaisse mit Rouille
- Crème caramel

- Getränketip: ein trockener Weißwein, zum Beispiel ein Bergerac oder auch ein Puilly fumé.

Zeitplan

Am Vorabend
Crème caramel zubereiten und kühl stellen. Rouille zubereiten und kühl stellen.
2 Stunden vorher
Alles für die Bouillabaisse vorbereiten. Löwenzahnsalat waschen und anrichten. Vinaigrette rühren. Speck auslassen und abkühlen. Bouillabaisse garen (ohne Fisch; bis Punkt 5).
Kurz vor der Vorspeise
Speck erwärmen, mit Vinaigrette auf den Salat geben.
Nach der Vorspeise
Bouillabaisse erwärmen, Fisch darin garen.

Löwenzahnsalat mit Speck

Zutaten:
100 g Löwenzahn
1 Teel. Senf
1/2 Eßl. Weißweinessig
Salz
weißer Pfeffer, frisch gemahlen
1 Eßl. Nußöl
50 g durchwachsener Räucherspeck

Gelingt leicht

Pro Portion etwa:
910 kJ/220 kcal
4 g Eiweiß · 21 g Fett
5 g Kohlenhydrate

- Zubereitungszeit: etwa 20 Minuten

1. Den Löwenzahn waschen, trockenschwenken und etwas kleiner zupfen. Den Senf mit dem Essig, Salz und Pfeffer verrühren. Das Öl unterschlagen.

2. Den Speck, falls nötig, von Schwarte und Knorpeln befreien und in kleine Würfel schneiden. In einer kleinen Pfanne bei mittlerer Hitze unter Rühren etwa 5 Minuten braten, bis die Würfel leicht knusprig sind. In der Pfanne beiseite stellen.

3. Vor dem Servieren den Salat auf Tellern anrichten, mit der Vinaigrette beträufeln. Den Speck nochmals erwärmen und auf dem Salat verteilen. Mit frischem Baguette servieren.

Rouille

Diese Paste wird zur Bouillabaisse serviert (Foto Seite 53).

Zutaten:
4–5 Knoblauchzehen
etwa 200 ml Gemüse- oder Fischfond (aus dem Glas)
40 g Weißbrot
1/2 frische rote Chilischote
weißer Pfeffer, frisch gemahlen
eventuell Salz
2 Eßl. Olivenöl, kaltgepreßt

Schnell

Pro Portion etwa:
610 kJ/150 kcal
2 g Eiweiß · 8 g Fett
13 g Kohlenhydrate

- Zubereitungszeit: etwa 20 Minuten

1. Die Knoblauchzehen schälen, mit dem Fond zum Kochen bringen und etwa 5 Minuten köcheln lassen. Dann das Brot mit in den Topf geben und weich werden lassen.

2. Die Chilischote vom Stielansatz und allen Kernen befreien und grob zerkleinern. Mit Pfeffer und eventuell wenig Salz in den Topf geben und alles mit dem Pürierstab fein zerkleinern. Das Öl untermixen.

3. Die Rouille in eine Schüssel füllen und zugedeckt bis zum Servieren kühlen.

▶

Bouillabaisse

Zutaten:
500 g gemischte Fischfilets (wie Rotbarbe, Seeteufel und Kabeljau)
2 Eßl. Zitronensaft
400 g Tomaten
1 festkochende Kartoffel
2 Schalotten
1 Knoblauchzehe
1 Eßl. Olivenöl
1/2 Teel. Fenchelsamen
200 ml Fischfond (aus dem Glas)
100 ml trockener Weißwein
2 Lorbeerblätter
1 Döschen gemahlener Safran
Salz
weißer Pfeffer, frisch gemahlen

Berühmtes Rezept

Pro Portion etwa:
1200 kJ/290 kcal
43 g Eiweiß · 1 g Fett
14 g Kohlenhydrate

- Zubereitungszeit: etwa 40 Minuten

1. Die Fischfilets in mundgerechte Stücke schneiden und mit dem Zitronensaft beträufeln.

2. Die Tomaten häuten, dann in kleine Würfel schneiden und von den Stielansätzen befreien. Die Kartoffel schälen, waschen und mit dem Gurkenhobel in Scheiben teilen. Die Schalotten und den Knoblauch schälen und fein hacken.

3. Das Öl in einem Schmortopf erhitzen. Die Schalotten, den Knoblauch und die Fenchelsamen darin unter Rühren kurz anbraten. Die Kartoffelscheiben hinzufügen und kurz anschmoren. Die Tomaten, den Fischfond und den Wein dazugeben und zum Kochen bringen. Die Lorbeerblätter einlegen und alles zugedeckt etwa 20 Minuten köcheln lassen.

4. Inzwischen den Safran in wenig Wasser auflösen. Die Suppe mit Salz, Pfeffer und dem Safran abschmecken. Die Fischstücke hineingeben und zugedeckt bei schwacher Hitze etwa 5 Minuten darin ziehen lassen.

5. Die Bouillabaisse in eine vorgewärmte Schüssel füllen. Die Rouille dazu servieren (Rezept Seite 50). Dazu schmecken außerdem geröstete Baguettescheiben.

Crème caramel

Zutaten:
1 Vanilleschote · 1/4 l Milch
85 g Zucker
1 Ei · 2 Eigelb

Preiswert

Pro Portion etwa:
1500 kJ/360 kcal
10 g Eiweiß · 13 g Fett
49 g Kohlenhydrate

- Zubereitungszeit: etwa 1 1/2 Stunden

1. Die Vanilleschote der Länge nach aufschlitzen und das Mark mit einem Messer herauskratzen. Beides mit der Milch in einem Topf zum Kochen bringen. Die heiße Milch auf der abgeschalteten Herdplatte noch kurz ziehen lassen.

2. Den Backofen auf 150° vorheizen. 3 Eßlöffel Zucker in einem Topf bei mittlerer Hitze schmelzen und caramelbraun werden lassen. Dann mit 6 Eßlöffeln Wasser ablöschen und sofort in zwei Förmchen von je etwa 250 ml Inhalt (oder 3 von 150 ml) gießen.

3. Das Ei und die Eigelbe mit dem restlichen Zucker in einer Schüssel zu einer hellen, schaumigen Creme aufschlagen. Die Vanilleschote aus der Milch fischen. Die Milch langsam unter Rühren zur Eiercreme geben. Die Eiercreme langsam in die Förmchen gießen.

4. Die Förmchen mit der Creme in eine feuerfeste Form stellen. So viel heißes Wasser angießen, daß die Förmchen zu etwa zwei Drittel ihrer Höhe darin stehen.

5. Die Förmchen in der Form in den Backofen (unten, Umluft 140°) stellen und etwa 1 Stunde garen. Das Wasser darf nicht kochen. Also gegebenenfalls etwas kaltes Wasser nachgießen.

6. Die Crème caramel abkühlen lassen. Kurz vor dem Servieren mit einem Messer vom Rand der Förmchen lösen und auf Teller stürzen.

Bild oben: Bouillabaisse mit Rouille (Rezept Seite 50)
Bild unten: Crème caramel

Köstliche Düfte, exotische Gewürze und Kräuter, Kokosmilch und Chilischoten charakterisieren die thailändische Küche. Kein Muß, aber spannend: Servieren Sie die aromatischen Spezialitäten in Eßschälchen und mit Stäbchen.

Das Menü

- Glasnudelsalat mit Garnelen
- Hühnercurry mit Kokosmilch
- Mango-Kokos-Creme

- Getränketip: Bier oder grüner Tee

Zeitplan

Morgens
Mango-Kokos-Creme zubereiten und kühl stellen.
2 Stunden vorher
Hühnercurry vorbereiten (bis Punkt 5) und abkühlen lassen.
1 Stunde vorher
Glasnudelsalat zubereiten.
Vor der Vorspeise
Reis aufsetzen.
Nach der Vorspeise
Curry erwärmen.

Glasnudelsalat mit Garnelen

Zutaten:
50 g Glasnudeln
100 g Spinat
1 Stück frische rote Chilischote
5–6 Stengel frischer Koriander
1 Eßl. Erdnußöl
Salz
100 g geschälte, rohe Garnelen
1 Eßl. Zitronensaft
1 1/2 Eßl. Fischsauce (Fertigprodukt aus dem Asienladen) oder Fischfond (aus dem Glas)
1/2 Eßl. Zucker

Gelingt leicht

Pro Portion etwa:
780 kJ/190 kcal
14 g Eiweiß · 6 g Fett
21 g Kohlenhydrate

- Zubereitungszeit: etwa 25 Minuten

1. Die Glasnudeln in lauwarmem Wasser einweichen und ziehen lassen, bis die übrigen Zutaten vorbereitet sind.

2. Den Spinat verlesen, gründlich waschen und abtropfen lassen. Die Chilischote von den Kernen befreien, waschen und in Streifen schneiden. Den Koriander waschen, trockentupfen und fein hacken.

3. Das Öl in einer Pfanne erhitzen. Die Garnelen darin unter Rühren kurz braten, bis sie nicht mehr glasig und außen rötlich gefärbt sind. Den Spinat hinzufügen und zusammenfallen lassen. Die Glasnudeln abtropfen lassen und mit der Chilischote hinzufügen. Ganz kurz mitbraten, dann in eine Schüssel füllen.

4. Den Zitronensaft mit der Fischsauce, dem Zucker und dem Koriander verrühren. Unter den Salat mischen und alles nach Bedarf mit Salz abschmecken. Bis zum Servieren zugedeckt ziehen lassen. Dann eventuell noch mit etwas Zitronensaft und/oder Fischsauce nachwürzen. Falls der Salat etwas trocken wird, kurz vor dem Servieren wenig heißes Wasser untermischen.

Varianten:
Der Glasnudelsalat schmeckt auch mit Fleisch statt mit Fisch, am besten eignen sich Rindfleisch oder Huhn. Und auch beim Gemüse können Sie variieren. So schmecken statt Spinat auch Sojasprossen, blanchierte Zuckerschoten oder Paprikastreifen.

▶

Hühnercurry mit Kokosmilch

Zutaten:
1 doppeltes Hühnerbrüstchen ohne Knochen
2 Knoblauchzehen
4 Stengel frischer Koriander · Salz
weißer Pfeffer, frisch gemahlen
2 Teel. Sojasauce
1 Eßl. Honig
3 feste, reife Tomaten
100 g Zuckerschoten
1/2 Bund Basilikum
1–2 Eßl. Erdnußöl
4–5 Teel. rote Currypaste (Fertigprodukt aus dem Asienladen)
1/2 Dose Kokosmilch (200 g)
1 Teel. Zitronensaft
Außerdem: 150–200 g Duftreis

Raffiniert

Pro Portion etwa:
2100 kJ/500 kcal
27 g Eiweiß · 13 g Fett
71 g Kohlenhydrate

- Zubereitungszeit: etwa 50 Minuten

1. Das Hühnerbrüstchen in die beiden Teile schneiden, waschen und trockentupfen. Die Knoblauchzehen schälen und durch die Presse drücken. Den Koriander waschen, fein hacken. Beides mit Salz, Pfeffer, der Sojasauce und dem Honig verrühren. Die Hühnerbrüstchen damit einreiben. Etwa 30 Minuten ziehen lassen.

2. Die Tomaten mit kochendem Wasser überbrühen, häuten und vierteln, dabei die Stielansätze herausschneiden. Die Zuckerschoten waschen und von den Stielenden und den Fäden befreien. In kochendem Salzwasser etwa 3 Minuten blanchieren, kalt abschrekken und abtropfen lassen. Das Basilikum waschen, trockentupfen und die Blättchen abzupfen.

3. Das Öl in einer Pfanne erhitzen. Die Hühnerbrüstchen darin von beiden Seiten bei mittlerer Hitze jeweils etwa 4 Minuten braten. Dann herausnehmen und beiseite stellen.

4. Die Currypaste ins verbliebene Bratfett geben und kurz anbraten. Die Kokosmilch und den Zitronensaft hinzufügen und alles bei schwacher Hitze ohne Deckel etwa 1 Minute köcheln lassen.

5. Inzwischen das Hühnerfleisch in Scheiben schneiden. Mit den Tomaten, den Zuckerschoten und dem Basilikum zur Kokosmilch geben und alles noch etwa 2 Minuten köcheln lassen. Falls die Sauce dabei zu stark einkocht, etwa 50 ml Wasser dazugeben. Nach Bedarf mit Sojasauce abschmecken.

6. Den Reis mit etwas mehr als der doppelten Menge Wasser in einen Topf geben und aufkochen. Dann zugedeckt bei schwacher Hitze in etwa 20 Minuten ausquellen lassen, bis das ganze Wasser aufgesogen ist. Gesalzen wird der Reis nicht.

Mango-Kokos-Creme

Zutaten:
1 große Mango
100 g Kokosmilch (aus der Dose)
2–3 Eßl. Zucker
1/2 Eßl. Zitronensaft
1 Eßl. Kokosraspel

Schnell

Pro Portion etwa:
830 kJ/200 kcal
1 g Eiweiß · 4 g Fett
40 g Kohlenhydrate

- Zubereitungszeit: etwa 15 Minuten

1. Die Mango schälen und das Fruchtfleisch vom Stein lösen. Die Mango mit der Kokosmilch, dem Zucker und dem Zitronensaft im Mixer fein pürieren.

2. Die Mangocreme in Gläser oder Schälchen füllen und bis zum Servieren kühl stellen.

3. Die Kokosraspel in einer Pfanne ohne Fett unter Rühren goldgelb anrösten. Die Mangocreme vor dem Servieren damit garnieren.

Bild oben:
Hühnercurry mit Kokosmilch
Bild unten:
Mango-Kokos-Creme

Märchenhafte Düfte und Aromen, kräftig gewürzte Speisen und originelle Zutaten: Lassen Sie sich verführen von der ungewöhnlich köstlichen arabischen Küche!

Das Menü

- Orientalische Vorspeisen
- Lamm-Gemüse-Couscous
- Gefüllte Datteln

- Getränketip: kräftiger Rotwein oder Bier

Zeitplan
Am Vorabend
Datteln füllen.
2 Stunden vorher
Alle Zutaten für den Couscous schneiden. Fleisch anbraten und schmoren. Kichererbsencreme zubereiten.
Kurz vor der Vorspeise
Gemüse zum Fleisch geben, Couscous darüber hängen und alles fertig garen. Salat zubereiten. Fladenbrot aufbacken.

Orientalische Vorspeisen

Zutaten:
Für die Kichererbsencreme:
1/2 Dose gegarte Kichererbsen (etwa 125 g)
1 Stück frische Chilischote
1/2 Teel. Kreuzkümmelsamen
1/2 Eßl. Sesammus
1 Eßl. Zitronensaft
Salz
1/2 Teel. Erdnußöl
Für den Salat:
1 kleine Gärtnergurke
1 Fleischtomate
1/2 Bund Petersilie
2–3 Stengel frische Minze
1 Eßl. Zitronensaft
Salz
weißer Pfeffer, frisch gemahlen
1 Eßl. Olivenöl
Außerdem:
1/2 Fladenbrot mit Sesam (aus dem türkischen Feinkostgeschäft)

Raffiniert

Pro Portion etwa:
470 kJ/110 kcal
3 g Eiweiß · 8 g Fett
7g Kohlenhydrate

- Zubereitungszeit: etwa 20 Minuten

1. Für die Kichererbsencreme alle Zutaten mit etwa 4 Eßlöffeln kaltem Wasser in den Mixer geben und fein pürieren.

2. Für den Salat die Gurke und die Tomate waschen und in Würfel schneiden. Die Kräuter waschen und trockenschwenken. Die Petersilienblättchen von den Stielen zupfen, die Minze in feine Streifen schneiden. Alle diese Zutaten mit dem Zitronensaft, Salz, Pfeffer und dem Öl mischen.

3. Das Fladenbrot bei 150° im heißen Backofen (Mitte, Umluft 140°) kurz aufbacken, damit es schön heiß und knusprig ist.

Tips!

- Fladenbrot können Sie auch selbst backen. Dafür 250 g Mehl mit 1 kräftigen Prise Salz mischen. 1/2 Würfel Hefe (20 g) mit etwa 1/8 l lauwarmem Wasser verrühren, mit 1 Eigelb zum Mehl geben. Alles zu einem glatten Teig verkneten und zugedeckt an einem warmen Ort etwa 45 Minuten gehen lassen. Dann auf wenig Mehl zu einem Fladen ausrollen, auf ein gefettetes Backblech legen und mit einer Gabel mehrmals einstechen. Mit Sesam bestreuen und bei 200° (Umluft 180°) etwa 20 Minuten backen.
- Kichererbsen in Dosen bekommen Sie in gut sortierten Supermärkten und in italienischen und türkischen Lebensmittelgeschäften.

Lamm-Gemüse-Couscous

Zutaten:
400 g Lammkeule ohne Knochen
1 Bund Frühlingszwiebeln
1 Fleischtomate · 1 Zucchino
1 kleine Möhre
1 festkochende Kartoffel (50 g)
2 Eßl. Olivenöl
1/8 l Fleischbrühe
Salz
1 Teel. Tomatenmark
gemahlener Kreuzkümmel
150 g Couscous (aus dem türkischen Feinkostgeschäft oder Naturkostladen)
50 g gegarte Kichererbsen (aus der Dose)
1 Eßl. Butter
Außerdem:
Harissa (scharfe Sauce; aus dem türkischen Feinkostladen)

Braucht etwas Zeit

Pro Portion etwa:
4300 kJ/1000 kcal
51 g Eiweiß · 60 g Fett
67 g Kohlenhydrate

- Zubereitungszeit: etwa 1 3/4 Stunden

1. Das Fleisch von Sehnen und größeren Fettstücken befreien und in mundgerechte Würfel schneiden.

2. Die Frühlingszwiebeln putzen, waschen und in etwa 1 cm lange Stücke schneiden, dabei das zarte Grün mitverwenden. Die Tomate mit kochendem Wasser überbrühen, kurz darin ziehen lassen, kalt abschrecken und häuten. Die Tomate würfeln, dabei den Stielansatz entfernen. Den Zucchino waschen, putzen und in Scheiben schneiden. Die Möhre und die Kartoffeln schälen, waschen und würfeln.

3. Das Olivenöl in einem großen Topf erhitzen. Die Fleischwürfel darin rundherum kräftig anbraten und wieder herausnehmen. Das Gemüse (außer den Tomaten) ins verbliebene Bratfett geben und ebenfalls anbraten. Dann wieder herausnehmen.

4. Das Fleisch mit den Tomaten und der Brühe wieder in den Topf geben und mit Salz, dem Tomatenmark und Kreuzkümmel abschmecken. Das Fleisch zugedeckt etwa 35 Minuten schmoren lassen.

5. Inzwischen den Couscous mit 1/8 l gesalzenem Wasser mischen und quellen lassen.

6. Das Gemüse und die Kichererbsen zum Fleisch geben. Den Couscous in ein Sieb geben und über die Zutaten im Topf hängen. Er darf die Sauce nicht berühren.

7. Alles zugedeckt bei schwacher Hitze weitere 45 Minuten zugedeckt garen. Die Butter in kleinen Stücken auf dem Couscous verteilen. Den Couscous in die Mitte einer großen vorgewärmten Platte geben. Das Ragout rundherum verteilen.

8. Den Couscous mit dem Harissa servieren.

Gefüllte Datteln

Zutaten:
10 getrocknete Datteln
50 g gehäutete, gemahlene Mandeln · 30 g Zucker
1 Eßl. Rosenwasser (aus der Apotheke)
einige Tropfen Zitronensaft

Schnell
Gut vorzubereiten

Pro Portion etwa:
940 kJ/220 kcal
5 g Eiweiß · 14 g Fett
21 g Kohlenhydrate

- Zubereitungszeit: etwa 20 Minuten

1. Die Datteln längs einschneiden, aber nicht durchtrennen.

2. Die Mandeln mit dem Zucker in einer Pfanne etwas anrösten. Dann mit dem Rosenwasser und dem Zitronensaft verkneten und in 10 Stücke teilen. Die Datteln jeweils damit füllen und auf einem Teller anrichten. Dazu schmeckt Espresso oder türkischer Mokka.

Tip!

Couscous wird in türkischen Feinkostgeschäften und Naturkostläden auch als Kuskus angeboten.

Bild oben: Lamm-Gemüse-Couscous
Bild unten: Gefüllte Datteln

Flambeau
BON

REZEPT- UND SACHREGISTER

Zum Gebrauch
Damit Sie Rezepte mit bestimmten Zutaten noch schneller finden können, stehen in diesem Register zusätzlich auch beliebte Zutaten wie Tomaten und Fisch – ebenfalls alphabetisch geordnet und halbfett gedruckt – über den entsprechenden Rezepten.

IMPRESSUM

Auf der Umschlagvorderseite sehen Sie Entenbrust in Granatapfelsauce (Rezept Seite 44).

Redaktion:
Susanne Bodensteiner
Layout: Ludwig Kaiser
Typographie: Robert Gigler
Herstellung: Peter Pleischl
Fotos: Odette Teubner
Umschlaggestaltung: Heinz Kraxenberger
Satz: Computersatz Wirth, Regensburg
Reproduktion: Otterbach Repro, Rastatt
Druck und Bindung: Schauenburg, Schwanau
ISBN 3-7742-1957-5

Auflage 5. 4. 3. 2. 1.
Jahr 1999 98 97 96 95

Cornelia Schinharl
lebt in der Nähe von München und studierte zuerst Sprachen, bevor sie sich dem Bereich Ernährung zuwandte. Ihr Interesse für kulinarische Themen war schon immer groß. Nach der fundierten Ausbildung bei einer bekannten Food-Journalistin und einem Praktikum bei einem großen Hamburger Verlag machte sie sich 1985 als Redakteurin und Autorin selbständig. Seither sind zahlreiche Kochbücher von ihr erschienen.

Odette Teubner
wurde durch ihren Vater, den international bekannten Food-Fotografen Christian Teubner, ausgebildet. Heute arbeitet sie ausschließlich im Studio für Lebensmittelfotografie Teubner. In ihrer Freizeit ist sie begeisterte Kinderporträtistin – mit dem eigenen Sohn als Modell.